KB274273

북한의 법교육

한국학술정보㈜

서 문

북한에도 법이 있는가? 북한법 분야로 연구 방향을 잡은 이후 많이 받은 물음이다. 그 의미는 각자 달랐지만 여러 사람들에게서 비슷한 질문을 여러 번 받았다. 법령의 형태로 존재하는 법이 실제로 있는가를 궁금해하는 분도 있었고, 법은 있어도 명목에 불과하여 법이 없는 것이나 마찬가지라는 의문을 표하는 분도 있었다.

어쩌면 당연할 수도 있는 문제제기에 대한 대답을 찾다 보니 한 편의 글이 되었고, 학위 논문이 되었다.

당연히 북한에도 법이 있다. 법이 있을 뿐만 아니라 법을 전 국가공동체의 구성원들에게 관철시키는 시스템을 갖고 있다. 그 시스템의 중심에 있는 것이 우리 사회에는 존재하지 않는 '법무해설원'이라는 직역이다.

이 책은 북한이라는 국가공동체가 자신의 구성원들에게 어떻게 법의 내용을 전파하고 준수하게 하는지에 대하여 법무해설원을 중심으로 하여 '법교육'이라는 개념으로 설명을 시도한 것이다.

기존의 북한법 연구와 달리 이 책은 북한법의 큰 그림을 그리는 시도의 일환이다. 큰 그림을 그린다는 것은 북한법이 근본적으로 다른 법과 어떻게 구별되고 어떠한 특징과 의미를 갖는가를 규명하는 것으로서 북한법 연구의 총론에 해당한다고 할 수 있다.

고 강구진 교수님의 선구적 업적 이후 북한법 연구는 법학의 각 분과마다 이미 많은 성과가 있다. 개별 영역별로 자료를 발굴하고 내용을 소개, 분석하는 선행 연구가 있었기에 감히 북한법의 큰 그림을 그려 보자는 포부를 가질 수 있었다. 비록 책으로밖에 만날 수 없었지만 북한법 연구에 심혈을 기울여 오신 선배 연구자들께 경의를 표하고 싶다.

큰 그림을 그리겠다는 시도가 어느 정도 성과를 거두었는지

미지수이다. 이 책에서 미흡한 부분은 전적으로 필자가 아직 부족함이 많은 탓이다. 작으나마 성과가 있다면 지도교수이신 고유환 교수님을 비롯한 북한학과 네 분의 교수님들과 석사논문 심사를 맡아주신 김동한 교수님의 지도와 편달 덕분이다. 지면을 빌어 교수님들께 깊은 감사를 드린다. 꼬박 1년 남짓 논문스터디그룹 '초록전박력있게살피기'를 함께한 김병욱, 안석룡, 정한얼, 표선실 원우와 법학자의 관점에서 초고를 검토해 준 박영목 박사, 교정을 도와준 박아름 원우에게도 감사를 드린다.

출간 기회를 제공해 준 한국학술정보(주)에 감사드리며 계속 정진하는 훌륭한 학자가 되라는 채찍으로 알고 북한법 연구에 더욱 매진할 것을 약속드린다.

2009년 4월 25일 법의 날
동국대학교 노동신문연구센터에서

목 차

제1장

서 론

 연구 목적

북한도 법교육을 하고 있을까? 법교육은 여러 가지 정의가 있지만 이 연구에서는 국가공동체의 일반 구성원에 대하여 법[1]을 교육하는 것으로 정의한다. 북한도 국가공동체의 일반 구성원에 대하여 다양한 방법과 내용으로 법을 교육하고 있다.

이 책은 북한의 법교육, 곧 북한이 국가공동체의 일반 구성원들을 대상으로 실시하는 법교육이 구체적으로 어떻게 이루어지는가를 살피고 그 특징을 규명하려는 것이다. 물론 법교육 이론을 북한에 적용할 수 있는지에 대하여 사전에 검토할 것이다.

북한의 공장과 기업소에는 법무해설원이라는 직역(職域)[2]이 존재한다. 법무해설원들을 통해 해당 단위의 구성원들에게 법을 일상적으로 교육하고 있다. 법무해설원은 우리에게는 생소한 개념이지만, 북한에서는 법과 대중을 연결하는 일차적 통로 역할을 하고 있다. 북한에서 발간된 백과사전은 법무해설원에 대하여 이렇게 서술하고 있다.

---

1) 여기에서 '법'은 법규범과 법인식과 법현실을 모두 포괄하는 의미로 사용하였다.

2) 법무해설원을 '직업'이 아니라 '직역'으로 평가한 이유는 법무해설원이 공장, 농장, 사회협동단체 등에서 '본신임무'를 수행하면서 법무해설사업을 진행하는 '일군'이기 때문이다.

이 책은 조선민주주의인민공화국이라는 국가공동체가 일반 구성원들에게 법교육을 어떻게 실시하고 있는지를 살피고 그 특징을 규명하는 것을 목적으로 한다. 아직 북한의 법교육은 우리 학계에서 선행 연구를 찾아볼 수 없다는 점에서 연구의 일차적 의의가 있다. 법무해설원들이 진행하는 법교육의 구체적인 모습과 특징은 특히 그렇다.

법무해설원은 남측에는 없는 직역이기에 북측이 훨씬 더 체계적인 법교육을 실시하고 있다고 해도 과언이 아니다. 북한에서는 언론을 통한 법교육도 일상적으로 이루어지고 있다. 2006년 한 해 동안 『민주조선』에 보도된 법 관련 기사는 모두 142건이다. 북한의 법률가들 또한 법교육 역할을 적극적으로 수행하고 있다.

법교육과 관련하여 북한이 2004년 대중용법전[4]을 발간한

---

3) 『조선대백과사전(11)』(평양: 백과사전출판사, 1999), p.30.

4) 『조선민주주의인민공화국 법전 (대중용)』(평양: 법률출판사, 2004), 『조선민주주의인민공화국 법전 (대중용) 증보판 2004.7 - 2005.12』(평양: 법률출판사, 2006)

데 주목할 필요가 있다. 대중용법전이 북한의 법교육에 어떻게 활용되는가 하는 점은 아직까지 확인하기 힘들다. 현재까지 우리에게 '대중용'의 의미에 대해서 명확히 알려져 있지 않다. 대중들이 읽는다는 뜻인지, 대중들에게 적용된다는 뜻인지, 아니면 제3의 뜻인지?

과연 북한이라는 국가공동체에서 일반 대중들이 과연 법전을 읽을까 하는 의문이 들기도 한다.[5] 법전이 당원용이 따로 있고 국가기관 일꾼용 또는 군대용이 따로 있는가 하는 것도 의문이다. 대중용법전을 출판한 법률출판사는 서문 격의 '출판사로부터'에서 '공민들이 법을 알고 스스로 지키는 데 도움을 주기 위하여' 편찬하여 발행한다고 언급하였다.

2006년 발간된 『조선민주주의인민공화국 법규집(외국투자부문)』[6]의 경우, '출판사로부터'에서 '대외경제사업을 하는 일꾼들과 외국투자가들에게 도움을 주기 위하여'라고 언급하고 있다. 대중용법전은 일차적인 독자층을 '공민'으로 언급하고 있는 것으로 보아, 북한의 일반 대중들이 읽는 것을

를 의미한다. 이하에서 양자를 모두 일컬을 때 '대중용법전'이라 하고, 구분하여 일컬을 때, 전자는 '대중용2004', 후자는 '증보판2006'으로 약칭한다.

5) 법치주의로 일반적으로 인식되고 전 사회적으로 교육되고 있는 우리 사회에서도 법전의 존재는 직업 법률가와 법학자들을 제외하고는 아주 낯설다. 그렇기 때문에 북한의 경우 더욱 이런 의문이 제기되는 것이 아닌가 한다.

6) 『조선민주주의인민공화국 법규집(외국투자부문)』(평양: 법률출판사, 2006). 이하 '외국투자법규집'. 외국투자법규집은 법과 규정을 함께 수록하고 있고, 영문판도 싣고 있다. 제1편: 외국투자부문에 직접 적용되는 법과 규정, 제2편: 외국투자와 관련하여 참고할 수 있는 법, 제3편: 라선경제무역지대에 적용하는 법과 규정.

목적으로 한 것으로 판단된다.[7]

대중용법전의 발간은 북한의 법교육에서 큰 의의를 가진다고 할 수 있다. 현재까지 우리에게 확보된 자료를 통해 북한이라는 국가공동체의 일반 구성원들이 일상생활에서 대중용법전을 어떻게 활용하고 있는지는 알려져 있지 않지만, 국가공동체의 일반 구성원들을 대상으로 한 법전의 발간 자체가 곧 법교육의 일환인 것이다.

북한은 국제 관계 또는 남북 관계에서 적극적으로 법적 논거를 가지고 자신들의 주장을 펴나가고 있는데, 북한의 법교육 연구를 통해 그 원동력을 이해할 수 있다는 것이 두 번째 의의이다.

북핵을 둘러싼 미국과의 갈등에서 북한은 국제법의 논리를 원용하고 있다. 핵무기 보유와 관련하여서도 북한은 '조선반도의 비핵화를 반드시 실현하기 위하여 적극 노력할 것'[8]이지만 미국이 조약을 위반하여 자신들이 타당한 국제법적 권리를 갖고 있다고 주장한다. 외국과 남측 일각의 오해 또는 기대와는 달리 북측은 국제법을 잘 알고 있고 일관되게 자신들의 주장을 펴는 근거로 활용하고 있다.

북한은 2002년 국제법 사전[9]을 발간한 데 이어, 2003년

---

7) 외국투자법규집에 실린 법은 모두 대중용법전에도 실려 있다.

8) 2006년 10월 3일 조선민주주의인민공화국 외무성 성명, "자위적 전쟁억제력 조치, 앞으로 핵시험을 하게 된다."

9) 『국제법사전』(평양: 사회과학출판사, 2002).

에는 국제무역분쟁과 관련된 단행본[10][11]을 발간하였으며, 2006년에는 국제금융사전[12]을 발간했다.

남북 관계에서도 북한은 지금까지 남북이 맺은 합의서를 자신들의 주장과 논리를 뒷받침하는 무기로 활용한다. 대표적인 예로 2000년 6·15선언에서 합의된 '우리민족끼리'를 들 수 있다. 북한은 '우리민족끼리'의 의미내용에 대해서 별도의 단행본[13][14]까지 출판하였다. 근래 많은 논란이 된 북방한계선(northern limit line, 이하 NLL) 문제에서도 북한은 남북기본합의서를 자신들의 주장을 뒷받침하는 근거의 하나로 내세우고 있다.

법에 근거한 북한의 자신감은 바로 국가공동체의 일반 구성원에 대한 일상적인 법교육이 진행되고 있기에 가능한 것

---

10) 손경원, 『국제무역분쟁해결제도』(평양: 사회과학출판사, 2003).

11) 북한은 법 관련 단행본을 다양하게 발간하고 있다. 하나의 법령 자체를 한 권의 소책자로 발간하기도 한다. 이러한 출판물들은 북한에서 의미 있는 법교육의 효과를 거두고 있다.

12) 리행호 외, 『현대국제금융사전』(평양: 과학백과사전출판사, 2006).

13) 송국현, 『우리 민족끼리』(평양: 평양출판사, 2002).

14) 북측은 '우리민족끼리'뿐만 아니라 남북 간 합의에 표기된 용어와 표현에 대한 자신들의 해석을 국가공동체 전 구성원들에게 체계적으로 교육시키고 있다. 7·4 남북공동성명의 '민족대단결'에 대해서 김일성은 10가지 항목으로 구성된 별도의 교시까지 한 바 있다. 반면 남측은 합의를 체결하였거나 지지하는 이들마저 남북 간 합의를 대한민국의 헌법 가치 또는 국제법적 보편 가치와 접목하여 풍부한 의미내용으로 해석하는 이들을 찾아보기 힘들다. 그래서 정치적 반대 세력들은 북측의 의도에 말려들지 않으려면 남북 간 합의를 폐기하라는 목소리를 높이기 일쑤이다. 한반도에서 남북 간 합의의 의미내용에 대한 해석은 엄청난 불균형 상태에 있다. 남북 간 합의의 의미내용의 해석을 둘러싼 불균형이 해소되지 않으면 근본적인 분단 극복과 이른바 남남갈등의 해결은 쉽지 않을 것이다.

이다. 특히, 자신들에게 유리한 대로 국제법과 남북 간 합의를 원용하여 적극적으로 주장의 근거로 활용하는 것은 바로 일상적으로 이루어지는 법교육의 성과에서 비롯된 것이다.

이에 대하여 국가기관 일꾼[15]들에 대해서는 체계적인 교육이 진행되기 때문일 것이라는 반론이 가능하다고 본다. 그러나 국가기관 일꾼에 대한 체계적인 교육은 모든 국가공동체에서 마찬가지이다. 따라서 현재 북한이 법적 논거를 적극적으로 일관되게 펴는 것은 국가공동체 일반 구성원에 대한 법교육이 잘 진행되고 있기 때문이라고 보아야 한다.

북한 법교육이 과연 국가가 의도하는 대로 효과를 거두고 있는가 하는 점에 대해서는 의문이 있을 수 있다. 이는 국가공동체 차원의 법교육과 일반 구성원의 법인식 간의 상관관계에 대한 문제이다.

여성 북한이탈주민에 대한 선행 연구에 따르면, 가정과 학교, 직장에서 성별에 따른 차별을 많이 경험하고 있음에도 불구하고 북한의 '남녀평등권, 남녀평등제도, 남녀평등정책'으로 인해 여자도 남자와 똑같은 권리를 누린다고 증언하는 북한 출신 여성이 많다고 한다.[16] 모든 북한 주민

---

15) 대한민국의 현재 표준 어법은 '일꾼'으로 표기한다. 이 책에서는 북측의 맞춤법을 남측의 맞춤법에 따라 통일하지 않고 문맥에 따라 일부 혼용하였다. 이는 분단 극복 과정에서 남북이 현재 사용하는 맞춤법은 일정기간 혼용될 수밖에 없고 각각의 원칙과 기준 또한 동일한 정도로 평가받아야 한다고 생각하기 때문이다.

에게 일반화할 수는 없겠지만, 북한의 법교육이 국가공동체 일반 구성원들의 법인식 형성에 상당한 정도로 영향을 미친다는 것이 이 연구의 시각이다.

이 책은 강구진의 선구적 업적[17] 이후 계속되고 있는 북한법 연구의 연장선에 있다. 아직 우리는 북한법의 근본적 특징을 한눈에 정리하고 있지 못하지만, 또 한 편의 연구를 보태는 과정에서 북한법의 큰 그림을 그리는 데로 한발 더 나아가게 될 것이다.

제2절 연구 범위와 방법

지금까지 필자가 연구한 범위에서는 북한이 자신들의 법교육에 대하여 스스로 개념화하고 정리한 자료는 없다. 법무해설원에 대해서도 백과사전에 서술된 내용과 최고지도

---

16) 김석향, 「일상생활에서 본 북한의 성평등 실태와 여성인권의 문제」, 북한연구학회, 『북한의 여성과 가족』(서울: 경인문화사, 2006), pp.283-284.

17) 강구진의 선구적 업적에 대해서는 최종고, 『한국의 법학자』(서울: 서울대학교출판부, 1989), 『강구진 교수 20주기 추모 학술회의-고 강구진 교수와 북한법 연구, 개성공단 성공을 위한 법적 과제 자료집』(북한법연구회·국민대북한법제연구센터·한국법학교수회북한법연구특위, 2004) 참고. 강구진의 대표 저서인 『북한법의 연구』(서울: 박영사, 1975)는 한 세대가 지난 지금도 북한법 연구자들의 필독서로 빛을 바래지 않고 있다.

자의 교시 이외의 내용을 따로 정리한 자료도 발견되지 않는다. 따라서 현재로선 북한의 법교육에 대하여 전체적인 상을 파악하기는 곤란한 상황이다.

그래서 이 책은 북한 법교육의 실제 모습을 파악하기 위해 북한의 언론자료를 집중 분석하였다. 특히 2006년 『민주조선』에 한 해 동안 보도된 법 관련 기사를 모두 수집, 분류하였다. 이를 통해 북한의 단행본과 논문을 통해 확인할 수 없었던 북한의 법교육이 어떻게 이루어지고 있는지를 정리하였다. 특히 법무해설원의 구체적인 활동상에 대하여 체계적으로 정리하였다.

북한은 '법교육'이라는 용어를 직접 사용하지는 않는다. 북한은 '준법교양'이라는 개념을 사용한다. 준법교양은 준법교육과 유사한 개념이다. 법교육과 준법교육은 전자가 후자를 포괄하는 개념이라고 할 수 있다.

이 책에서는 국가공동체의 일반 구성원을 대상으로 법을 직접 교육하거나 법을 교육하는 효과가 있는 현상들을 법교육으로 정의한다.

이 책은 북한의 문헌 분석에 치중한다. 이유는 두 가지이다. 아직까지 북한에서 법무해설원 직역을 직접 수행한 북한이탈주민[18]을 만나지 못했다는 점이 첫째이다. 법무해

---

18) '북한이탈주민'에 대하여 탈북자, 새터민 등 다양한 지칭이 존재하는데, 이 연구에서는 대한민국 법령에서 사용하는 개념을 채택하였다.

설원의 지도를 경험한 북한이탈주민의 증언은 천편일률적일 가능성이 많다고 판단한 것이 둘째이다. 예컨대, '북한의 법교육은 형식적으로 이루어졌다'는 식이다. 법무해설원 활동의 효과에 대해서는 북한이탈주민의 증언을 통한 교차검증이 필요하다. 이는 향후 연구 과제로 돌리기로 한다.

이 책은 다른 사회주의 나라들과 법교육의 비교를 다루지 않고 있다. 앞으로 사회주의 나라들에서 법교육이 어떻게 이루어지는지에 대한 자료를 수집하여 후속 연구를 진행할 계획이다.

북한의 법률가 또는 법학자 양성을 위한 법학교육도 이 책의 연구 대상이 아니다. 북한의 법학교육에 대한 주요한 연구 성과로는 명순구[19]와 김동한[20]의 연구를 들 수가 있다.[21]

이 책은 북한의 법교육을 현황과 특징의 측면에서 살펴볼 것이다. 법교육의 현황은 법무해설원을 통한 법교육, 언론을 통한 법교육, 법조인을 통한 법교육으로 나누어 살핀다.

---

19) 명순구, 「북한의 법학교육과 법률가 양성」, 『북한법연구』 제3호(서울: 북한법연구회, 2000).

20) 김동한, 「북한의 법학 연구동향 및 연구자들」, 북한법연구회, 『북한법연구』 제9호(서울: 북한법연구회, 2006). 김동한, 「북한의 법학: 이론, 현실정합성, 특성」, 『북한법연구』 제10호(서울: 북한법연구회, 2007). 전자는 엄밀하게 말하면 '북한의 법학 연구 동향'이다. 그러나 법 연구자들의 연구 내용은 당연히 법률가 및 법학자 양성 교육에 반영될 것이기에 북한에서 법학교육의 내용과 방법을 이해하는 데 도움이 된다고 할 수 있다.

21) 북한의 학문 전반에 대한 총체적인 이해를 위해서는 강성윤, 「북한의 학문분류체계: 인문사회과학 분야를 중심으로」, 북한연구학회 편, 『북한의 교육과 과학기술』(서울: 경인문화사, 2006) 참고.

사회주의 헌법을 제외하고는 북한의 공교육에서 직접 법교육을 실시하지는 않는다. 그렇지만 학교의 조직활동을 통한 규범교육이 성인이 된 이후 법교육의 기본 바탕이 된다. 이 점을 감안하여, 공교육에서 실시하는 규범교육도 연구 범위에 포함하였다.

이 책의 자료 활용과 관련한 특징은 최고인민회의 및 내각의 기관지인 『민주조선』을 광범위하게 참고하였다는 점이다. 이는 법이 국가의 의사라는 필자의 시각에서 비롯된 것이다. 민주조선은 조선민주주의인민공화국이리는 국가의 기관지이기 때문에 민주조선에 실리는 내용이 바로 조선민주주의인민공화국이라는 국가의 시각을 가장 잘 나타낸다고 보았다.[22]

이 책에서는 북한이 다른 국가공동체와는 법, 법학, 법치주의와 관련한 내용이 상이한 점을 감안하여, 북한이 법이라고 정의하는 것을 모두 법으로 본다. 북한법을 연구대상으로 하는 특수성을 감안하여, 입법 권한을 가진 북한의 국가기관이 공식적인 국가 의사로 채택한 법적인 문건의 내용에 더 큰 비중을 두었다. 북한에서는 법학과 정치학의 구

---

[22] 이에 대하여, 북한이 수령과 당의 영도를 법화하고 있어 수령의 교시와 당정책이 곧 국가 의사라고 하는 반론이 제기될 수 있다. 그러나 수령의 교시와 당정책이 곧바로 국가공동체 구성원들에게 적용되는 것은 아니다. 따라서 조선민주주의인민공화국이라는 국가공동체의 직접적인 의사는 국가기관이 공식으로 채택한 법규범과 각종 규정들로 보는 것이 타당하다.

분이 서구처럼 분명하지 않다는 점을 참고로 하여, 이 연구에서도 법과 정치를 함께 고려하였다.

이 책의 구성은 모두 다섯 장으로 이루어져 있다. 제1장 서론에서 연구목적과 범위, 방법을 밝힌다.

제2장에서는 법교육의 개념 및 의의와 준법교양을 중심으로 한 북한의 법이론을 살펴보고, 법교육 이론을 북한에 적용할 수 있는지 확인한다.

제3장에서는 북한 법교육의 현황을 법무해설원을 통한 법교육, 언론을 통한 법교육, 법조인을 통한 법교육으로 나누어 살펴본다. 성인 법교육의 기본 바탕이 되는 공교육을 통한 규범교육도 함께 다룬다.

제4장에서는 북한 법교육의 특징을 규명한다. 제1절에서 북한 법교육의 근본적 특징을, 제2절에서 법무해설원을 통한 법교육의 특징을 규명하고, 제3절에서 북한 법교육의 특수성을 검토한다.

제5장 결론에서는 연구의 내용을 요약하고, 향후 연구 과제를 제시한다.

법교육 이론과 북한 적용 가능성

제1절 **법교육의 개념과 의의**

1. 법교육의 개념

1) 일반적인 정의

법교육은 일반인들을 상대로 법적 기초 소양과 법적 시민의식을 함양하는 교육이다.[23] 일반 국민들에게 법적 원리, 가치 및 생활법률지식을 전달하여 법의식을 향상시킨다는 의미[24]로 이해되기도 한다. 일상생활에서 부딪히는 문제 상황 속에서 그 문제를 법적으로 생각하는 힘, 법적 사고력과 법적으로 사태를 해결할 수 있는 힘, 문제 해결력을 길러주기 위한 조직적 학습 경험[25]으로 정의하는 학자도 있다.

1978년 제정된 미국의 법교육법(the Law Related Education Act of 1978)은 법교육을 일반인(nonlawyers)에게 법, 법절차, 법제도에 관한 지식과 기술 및 그것들의 바탕이 되는 근본

---

23) 곽한영, 「한국 법교육의 현황과 전망」, 『법교육연구』 제1권 1호(서울: 한국법교육학회, 2006), p.1.

24) 윤현봉, 「정부기관·사법기관에서의 법교육 추진 현황 분석 및 전망」, 『법교육연구』 제2권 1호(서울: 한국법교육학회, 2007), p.115.

25) 박성혁, 「법교육의 역사와 현황 그리고 발전 방향」, 『법교육연구』 제1권 1호(서울: 한국법교육학회, 2006), p.53.

원리들과 가치들을 갖추어 주기 위한 교육으로 정의하고 있다.[26] 어느 경우든 공통되는 것은 법률전문가가 아닌 일반인을 대상으로 한다는 점이다.

일반적으로 오늘날 사용하는 법교육의 개념은 1950년대 말 미국에서 태동한 것으로 이해되고 있다. 당시 뉴욕 시의 브루클린공업고등학교의 공민(civics) 담당교사였던 스타(Isidore Starr)가 흔히 법교육의 창시자로 불린다. 이전까지 법 관련 교육은 헌법의 내용적 지식을 교사의 설명에 의지해서 암기, 이해시키는 방식이었다. 스타는 일상이 다양한 법적 사례를 활용하여 헌법의 기본적 권리들이 근로현장, 교육현장, 거래, 계약 등 다양한 일상생활의 장에서 어떻게 실현되는지를 학습시키려고 시도하였다. 이를 통해 구체적 사례 속에서 자신의 권리와 의무를 학습할 수 있는 생활 중심의 법교육을 주창하고 로스쿨의 수업방식으로 활용되던 사례를 활용한 탐구방식을 사회과 수업에 도입하였다. 스타의 노력은 미국에서 광범위한 법교육 개선을 위한 문제의식을 형성시켰고, 사회적 역량을 결집시켜 오늘날 법교육의 뿌리가 되었다고 한다.[27]

미국에서 법교육이 본격적으로 태동한 것은 스푸트니크

---

26) Carlotte C. Anderson, "What is LRE?", *LRE Project EXchange*(ABA Press 1989), p.2. 허종열, 「미국 법교육의 역사와 최근 동향」, 『사회와 교육』 Vol.15(한국사회과교육학회, 1991), p.90에서 재인용.

27) 박성혁(2006), p.57.

충격[28] 이후 사회 전반에 밀어닥친 변화의 바람과 관련이 있는 것으로 보는 시각이 일반적이다. 1950년대까지 미국의 법교육은 국가공동체의 운영을 위해 규범과 질서를 전달하고 정부의 구조와 기능, 헌법의 원리와 기본권 등을 중심으로 하는 헌법 교육을 위주로 하여 추상적이고 탈맥락적인 내용을 암기, 이해하는 것을 중심으로 삼았다.[29]

학교 교과에서 법 관련 학습 내용이 없어서 법교육이 시작된 것이 아니라, 교사의 강의에 의존하여 전달하는 헌법의 내용적 지식을 넘어, 인권 또는 법제화된 인권으로서의 헌법으로 표현되는 자신의 권리를 적극적으로 보호하고 실현할 수 있는 실용적 능력을 기르는 데 한계가 있다는 반성에서 출발하였다는 것이다.[30]

법교육은 학교의 교과교육을 통해서 이루어지기도 하고 사회교육을 통해서 이루어질 수도 있다. 학교교육에서도 교과교육을 통한 법교육과 생활교육을 통한 법교육이 가능하다. 사회교육 또한 평생교육(성인교육)의 일환으로 이루어지는 법교육과 청소년 비행 예방 및 교정교육의 일환으로 이루어지는 법교육을 상정할 수 있다고 한다.[31]

---

28) 스푸트니크(Sputnik)는 1957년 소련이 발사한 세계 최초의 인공위성이다. 냉전 시대 미-소 대결이 치열하던 당시, 소련이 먼저 인공위성 발사에 성공함으로써 미국에 엄청난 충격을 주었다. 미국은 이를 계기로 정, 관, 학계 등 사회 전 영역에서 기존의 국가전략을 재검토하고 일신하려고 노력하였다.

29) 곽한영(2006), p.4.

30) 박성혁(2006), pp.54-55.

법교육의 내용은 크게 세 축으로 이루어진다. 첫째, 법을 모든 사람들의 일상생활에 직접 영향을 미치는 생활규범으로 이해하여 형법, 청소년법, 소비자법, 가족법, 환경법 등의 법규정의 내용을 가르치는 것이다. 둘째, 자유, 정의, 평등, 재산, 권력, 권위, 사생활의 비밀, 책임 등 법의 개념적 기초에 관심을 갖고 이것들이 사회적으로 쟁점이 분출하는 실생활의 맥락에서 어떻게 상호 작용하는가를 가르치는 것이다. 셋째, 형사재판제도나 입법과정에 일반인들이 어떻게 관련되는지에 관한 프로그램에 주목하고 시민참여를 도모하고 변화를 장려하는 수단으로 직접 형사재판, 로비 등을 해 보게 하는 것이다.[32]

2) 다른 개념과 구별

(1) 법학교육과 구별

법교육과 법학교육은 구별된다. 영어로 표기할 때 법교육은 'Law – Related Education'으로 법학교육은 'Law Education'[33]

---

31) 박성혁(2006), p.54.

32) 미국변호사협회 청소년교육특별위원회(American Bar Association's Special Committee on Youth Education for Civic, 이하 YEFC)는 법교육의 정의와 관련하여 세 가지 입장이 대립되어 있다고 본다. 그러나 필자는 세 입장 모두 법교육의 내용으로 본다. 허종열(1991), p.90.

33) 곽한영(2006), p.3.

또는 'Legal Education'[34]으로 구분하여 사용한다. 법률전문가 양성을 위한 교육을 법학교육, 법률전문가가 아닌 청소년 또는 성인 일반을 대상으로 하는 교육이 법교육이다. 두 개 념은 아직까지 제대로 구별 정립되지 않은 상태로 법학계 에서는 법교육이라고 할 때 법률전문가를 양성하는 법학교 육과 동일한 의미로 사용하기도 한다.[35]

법학교육과 법교육을 의미 구분없이 사용하면, 법교육은 법학에 관한 지식과 소양을 갖춘 '예비 법학자' 또는 '꼬마 판검사'를 길러 내는 것으로 정의된다. 곧 법학적 지식들을 동원하여 법조인들의 도움 없이 또는 적절한 도움을 구하 여 문제를 해결하는 법적 능력을 갖춘 시민을 양성하는 것 이 되는 것이다. 그러나 법교육은 스스로 모든 법적 문제를 완벽하게 해결할 수 있는 사람들을 기르는 것이 아니라 법 적 해결의 필요성과 장점을 깊이 인식하고 해결과정을 신 뢰하며 후에 문제가 발생했을 때 필요한 법률적 절차나 도 움을 구할 수 있도록 법적 사고의 방식을 이해하고 이에 따르는 사람을 기르는 교육이다. 법교육에서는 법적 용어의 정확성보다는 법에 익숙하고 친근한 느낌을 가지고 그런 용어나 제도가 가지고 있는 사고의 방식을 이해하는 것을

---

34) 박훈, 「우리나라 법교육의 현황과 개선방안」, 『법교육연구』 제1권 1호(서울: 한 국법교육학회, 2006), p.74.

35) 박훈(2006), pp.74 - 75.

더 중요하게 여긴다.[36]

청소년 대상의 법교육 교과서나 일반인 대상의 법 관련 서적들이 법학개론을 축소하거나 소소한 법률적 상식을 전달하는 형식을 띠고 있는 것은 법학교육과 법교육을 구분 없이 사용하는 경향성에서 비롯된 것이다. 법학교육에서는 개별적인 법조문이나 법학적 사실들을 정확하게 많이 알고 적용하는 능력이 기본이기 때문에 지식의 측면이 강조된다. 그러나 법교육에서는 법적 사고를 지닌 국민은 법을 많이 알지 못하더라도 법에 대한 신뢰와 자부심을 기지고 법을 적극적으로 이용하여 자신과 타인의 권리를 보호하려는 가치관과 태도를 기르는 것을 강조한다.[37]

(2) 정치교육과 구별

법교육과 정치교육은 오랫동안 별 구분 없이 사용되어 오기도 하였으나, 점차 분리하여 이해하고 있다. 정치교육은 한 사회가 특정 가치와 이념을 바탕으로 하는 정치 공동체로 존속하는 데 필요한 자질을 갖춘 인간 양성에 주목적을 둔다. 반면, 법교육은 공동체의 구성원으로서 자신 있게 참여하면서 자신의 이익을 스스로 보호하는 데 필요한 법적

---

36) 곽한영(2006), pp.3 - 4.
37) 곽한영(2006), p.3.

능력 함양을 추구하는 것이 일차적인 목적이다. 물론 법교육이 해당 정치 공동체의 바탕을 이루는 이념이나 가치와 전혀 무관할 수는 없다. 정치교육은 자유민주주의나 시장경제와 같은 특정 이념이나 가치를 전제하고 그에 적합한 인간상의 형성을 일차적으로 지향하는 교육이다. 이와는 달리 법교육은 사회구성원으로서 살아가는 데 필요한 법적 지식과 기능을 길러 주는 실용적인 교육이다. 법교육은 자신의 의사를 실현하고 스스로의 이익을 보호하면서 공동체 생활에 자신 있게 참여할 수 있는 법적 능력을 길러 주는 교육이라고 할 수 있다.[38]

(3) 준법교육과 구별

준법교육은 말 그대로 국민 또는 시민들이 법을 준수하도록 하는 교육이다. 준법교육의 내용으로는 준법정신, 준법의식의 내면화, 준법의 생활화, 책임의식, 자유민주주의 사회의 법체계와 법절차에 대한 긍정적 태도 등을 든다.[39] 준법교육은 민주시민정신교육의 일환으로서 학생을 포함한 일반인들이 시민의 일원으로서 자신들의 권리와 의무를 깊이 이해하는 바탕 위에서 그러한 권리와 의무를 진지하게

---

38) 박성혁(2006), pp.53 - 54.
39) 전제철, 「'사회과 법교육'에서 준법교육의 타당성 검토 - 법교육의 정치적 중립성 관점에서 - 」, 『시민교육연구』 제39권 1호(한국사회과교육학회, 2007), p.208.

받아들이며 자부심과 명예를 갖고서 이러한 것들을 수행해 나갈 필요가 있음을 교육하는 것이다. 미국의 경우에도 초기 식민지시대부터 법에 대한 교육을 강조하였는데, 당시 관련 분야 교육자들은 학생들이 그들의 정부에 대해 잘 이해한다면 자동적으로 더욱 우수한 민주시민이 될 것이라고 가정하였다.[40]

준법교육은 흔히 심각한 사회문제로 대두되고 있는 범죄, 특히 폭력·약물·성범죄 등 청소년이 저지르는 범죄의 예방과 관련하여 중요성이 언급되기도 한다. 청소년에 대한 적절한 준법교육을 실시할 경우 청소년들의 범죄행위와 교칙위반행동이 현저히 감소한다는 연구결과를 구체적인 근거자료로 든다. 준법교육은 학생들이 법적 권리와 의무를 이해하게 하여 현대의 법률화되어 가는 사회에서 제대로 활동하게 하기 위한 준비를 할 수 있게 한다는 성과적 측면의 평가와 함께 국가와 정부에 대한 무조건적인 애국심과 충성을 강요하는 방법이라는 비판적 측면의 평가도 제기되고 있다.[41] 한국의 학교교육에서 실시된 법교육에 대해서도 권리보다 의무를, 자유보다 책임을, 법을 통한 인권의 실현보다는 준법과 법질서를 강조해 법교육과 준법교육

---

40) 김영천, 「국민 준법의식 함양을 위한 교육모형」, 『사회와교육』 Vo.25(한국사회과교육학회, 1997), pp.62 - 64.

41) 김영천(1997), pp.59 - 61.

이 엄밀한 의미 구분 없이 혼용되었다는 평가가 있다.[42]

준법교육은 법을 교육하는 목적의 일부이다. 그러나 이미 준법을 교육의 내용이나 방향으로 삼는 것은 타당하지 않다는 지적이 있다. 이러한 지적에 대한 논거는 교육이 사람들의 인지적, 행동적 능력을 길러 주려고 노력하는 데서 그쳐야 한다는 것이다. 준법정신의 생활화와 내면화를 요구하는 것은 하나의 정치적 편향이라는 것이다. 이러한 논리의 연장선에서, 학교교육과 일반인을 대상으로 한 교육에서 법교육이 이루어질 필요는 있지만 이때 법은 '교의'가 아니라 단지 하나의 '사실'로 그쳐야 한다고 본다.[43] 이렇게 볼 때, 준법교육은 '교의'로써 법을 교육하는 것이고, 법교육은 '사실'로써 법을 교육하는 것이라고 구분 가능하다.

2. 법교육의 의의

법교육의 필요성은 우선 법이 법률전문가의 전유물이 아니라는 점을 든다. 실제 생활에서 개인 또는 단체 간에 이루어지는 행위가 대개 법적으로 의미 있는 행위인 경우가

---

42) 전제철, 「'사회과 법교육'에서 준법교육의 타당성 검토 – 법교육의 정치적 중립성 관점에서 – 」, 『시민교육연구』 제39권 1호(한국사회과교육학회, 2007), p.208.

43) 조우영, 「학교에서의 준법교육의 타당성 검토」, 『법교육연구』 제1권 2호(서울: 한국법교육학회, 2006), p.123.

많으며 의식하든 의식하지 않든 간에 법의 적용을 받게 되는 것이다. 자신의 행위에 대한 명확한 법적 의미까지는 모른다고 하더라도 법에 위배되는 행위인지, 향후 분쟁이 생길 경우를 대비한 대강의 조치가 필요하다는 시각이 그것이다.[44]

법교육은 현대 사회의 시민들에게 반드시 필요한 법적 사고가 저절로 생겨나는 것이 아니라 다양한 경험과 의식적인 노력을 통해 길러져야 한다는 전제에서 출발한다. 법교육은 시민들에게 일상생활에서 법적으로 생각하는 힘과 법적 사태를 해결할 수 있는 힘, 그리고 법을 자신의 것으로 받아들이고 존중하는 한편 바꿀 수 있다고 믿도록 하는 의의를 갖는다고 이해된다.[45]

한국법교육학회 초대 회장을 맡은 서울대학교 교수 성낙인은 법교육을 중세에 성경을 영어로 번역한 것에 비유한다. 법지식이라는 권력을 국민들과 공유하는 것이 바로 법교육이라는 취지에서이다. 법의 목표가 각자의 권리를 지키면서 질서와 안정이 유지되는 사회를 만들기 위한 것이라면 국민들이 법을 알고 존중하는 것이 가장 기본적이고 중요한 과제가 된다고 인식한다. 법교육은 법이 법조인 혹은 법 전문가들의 전유물이 아니라 사람들의 삶에 더욱 깊이

---

44) 박훈(2006), p.76.
45) 곽한영(2006), pp.1 - 2.

파고들게 하는 거친 파도를 막고 성을 지키는 방파제와 같은 역할을 하는 것이라는 것이다.[46)

이러한 취지는 법이 강자가 약자를 착취하는 수단이 되지 않도록 해야 한다는 주장과 일맥상통한다. 이러한 입장에서는 누구나 법의 본질을 알도록 교육을 시켜 주어야 하고 국가가 최소한의 지식을 갖출 수 있도록 하는 것이 국가의 의무라고 본다. 법을 지키고 안 지키고를 떠나 자신이 하는 행동에 대해 예상을 빗나가는 결과가 왔을 때의 분쟁을 미리 막을 수 있고 법을 악용하는 사람에 대해 자신을 방어할 수 있기 위해서는 법을 알아야 한다는 것이다.[47)

현 단계에서 법교육의 주무 부서인 법무부에서는 크게 네 축으로 의의를 보고 있다. 첫째, 현재 기본적 법적 소양의 부족으로 인해 불필요한 법적 분쟁이 빈발하고 있는데 체계적인 법교육을 통해 국민의 법률적 소양을 배양하고 부정적 법의식을 개선하여 상당수의 분쟁을 사전에 방지하고 사회적 비용을 경감하며 사법제도의 효율성을 제고한다는 것이다. 둘째, 법과 제도에 대한 국민적 신뢰 확보와 법과 원칙의 중요성에 대한 공감대를 조성함으로써 사회적 자본을 확충하는 한 축으로서 자리매김하는 것이다. 셋째, 2007년 4월 국민의 형사재판 참여에 관한 법률이 제정되어 국

---

46) 성낙인, 「창간사」, 『법교육연구』 제1권 1호(서울: 한국법교육학회, 2006), p.1.
47) 박훈(2006), pp.73-74.

민사법참여제도가 시행됨에 따라 배심원들이 참여하는 시민에 대하여 관련 법률지식을 교육하고 국민사법참여제도를 민주시민으로서 가져야 할 법의식을 배울 수 있는 체험교육의 장으로 활용하는 것이다. 넷째, 법조계에 대한 대국민 이미지 개선의 필요성과 가속화되고 있는 시장 개방에 대처하여 효과적으로 법률시장을 키우기 위해서도 법교육이 필요하다고 보고 있다.[48]

제2절 북한의 준법교양 이론[49]

1. 준법교양의 의의

북한에서 '법교육'이라는 개념은 사용하지 않는다. 백과사전출판사에서 펴낸 조선대백과사전에도 '법교육'이라는 항목은 없다. 법교육과 바로 연결시킬 수 있는 개념은 바로 '준법교양'이다.

---

48) 윤현봉(2007), pp.117 - 121.

49) 이 절의 내용은 별도의 각주 표시가 되어 있지 않은 경우, 심형일, 『주체의 법리론』(평양: 사회과학출판사, 1987), pp.364 - 374를 참고하여 정리한 것이다.

　　　준법교양: 사회의 모든 성원들이 높은 준법의식을 가지고 법규
　　범과 규정을 자각적으로 지키도록 하기 위한 사상교양. … 준법교
　　양은 국가의 법규범과 규정들을 널리 해설하여 사람들의 준법의식
　　을 높여 줌으로써 사회의 모든 성원들이 사회주의 법무생활에 주인
　　답게 참가하도록 하기 위한 사업이다.[50)]

북한에서 준법교양은 '공산주의교양의 중요한 내용의 하나'이며, '인간개조를 실현하는 수단과 방법'으로 자리매김한다. 준법교양은 '법이라는 특수한 행동규범, 생활준칙에 의거하여 진행되며 법무생활의 강화를 통하여 사회의 모든 성원들 속에서 혁명적인 규률의식, 조직성을 키우는데 이바지하며 행동의 통일과 힘의 단합으로 사람들의 자주적인 생활과 창조적 활동을 실현시켜주는 정치사상 교양사업'이라는 것이다.

북한에서 준법교양은 사회주의 법무생활을 강화하는 방도이며, 그중에서도 '첫째가는 주목을 돌려야 할 선차적인 방도'로 인식된다. 준법교양이 가장 주되는 선차적인 방도라는 것은 준법교양이 '법무생활을 강화하는데서 나서는 다른 방도들에 비하여 가장 넓은 범위에서 항시적으로 진행되고 준법기풍을 세우기 위한 결정적인 국면을 여는 사업이며 다른 방도들보다 언제나 앞세워 진행되는 사업'이라는 뜻이라고 한다.

---

50) 『조선대백과사전(19)』(평양: 백과사전출판사, 2000), p.412.

사회주의 법무생활 이론에 따르면 북한의 모든 생활이 법무생활이 된다. 사회주의 법무생활을 강화하기 위해서는 준법교양을 잘하는 것과 함께 '사상투쟁과 군중적 투쟁을 힘있게 벌리며 법적 통제를 강화하여야 한다'고 한다.

북한은 준법교양의 의의를 설명하면서 다른 분야에서 사상의식의 역할을 중시하는 것과 대동소이한 논리 전개를 보인다. 일반적으로 사상의식이 '사람의 가치를 결정하며 사람의 모든 활동을 규제'하듯이 '준법활동을 규제하는 데서'도 '준법의식이 결정적인 역할'을 한다는 것이다. 그렇기 때문에 준법교양사업이 중대한 위치와 역할을 차지하게 된다. 주체의 법이론에 따르면, '준법활동, 법무생활도 사람의 사회적 활동이며 의식적인 활동'이며, '근로자들의 준법의식의 발현'이다. '근로자들의 준법의식은 옳바른 준법기풍, 법무생활을 위한 근로자들의 활동을 규제'하고, '준법의식에 의하여 근로자들의 준법활동, 법무생활의 목적과 방향이 규정되고 그 성과가 좌우'된다. 심형일은 이렇게 설명한다.[51]

사회주의하에서 법무생활과정은 근로자들이 법의 요구를 파악하고 실현해 나가는 목적의식적인 활동과정인 것만큼 근로자들의 고상한 준법의식은 그들이 법무생활에서 자각적 열성과 창조적 적극성을 내도록 하는 데서 가장 중요한 작용을 한다. 즉 광범한 근로자들이 당과 수령을 위하여, 조국과 인민을 위하여 국가의 법규범과

---

51) 심형일(1987), p.367.

규정의 요구대로 일하며 생활하려는 고상한 준법의식을 가지게 되
면 그들 속에서 혁명적인 준법기풍이 높이 발양되기 마련이다. 근로
자들이 무엇 때문에 법을 준수집행하며 거기에서 할 바 임무는 무
엇이며 또 어떻게 해야 하는가를 깊이 인식하고 사상동원이 될 때
법무생활을 강화하는 사업에서는 근본적인 문제가 풀리게 된다. 이
것은 결국 사람들의 준법의식을 높이기 위한 교양사업이 법무생활
을 강화하는 데서 기본방도로 된다는 것을 말해 준다.

북한은 물론 '이러저러한 통제적 자극을 통해서도' 준법
활동, 법무생활의 강화는 '해결될 수 있다'고 주장한다. 그
러나 통제적 자극은 '오직 근로자들의 자각적인 준법의식
을 높이는 조건에서만 자기의 의의를 가질 수 있다'고 한
다. 나아가 준법교양사업은 '그 자체가 사람들의 준법의식
을 키우는 데서 비할 바 없는 큰 효과를 가지고 있을 뿐
아니라 통제적 수단들의 효과성을 높이는 데서도 큰 작용
을 한다'고 주장한다. '준법교양사업을 잘하여 근로자들의
전반적인 준법의식이 높아지게 되면 한편으로는 위법적인
요소들이 줄어들고 다른 한편으로는 위법적 요소들과의 투
쟁을 위한 더 유리한 사회적 환경이 마련되게 된다'는 것
이다. '준법교양을 강화하는 것은 위법현상들의 범위를 축
소시켜 그와의 법적 투쟁을 집중적으로 진행할 수 있게 하
고 법적 통제의 개별 예방적 효과를 더욱 충분히 거둘 수
있게 한다'고 한다. '또한 준법교양을 강화하여 근로자들
속에서 준법의식이 높아지게 되면 법위반자들에게 사회적

인 영향을 강력히 줄 수 있게 되며 광범한 근로자들이 법 위반 현상에 대하여 증오하고 그것을 근절하기 위한 투쟁에 적극적으로 나설 수 있게 되며 대중적인 통제를 전면적으로 실시할 수 있게 된다'고 한다.

북한은 '준법교양사업을 힘 있게 벌리는 데서 나서는 구체적인 과업'으로 여섯 가지를 들고 있다. 첫째, '국가법규에 대한 옳바른 관점과 태도를 세우는 것', 둘째, '법해설 선전 및 교양사업을 널리 실속 있게 벌리는 것', 셋째, '근로자들에게 위법현상과 그 해독성에 대하여 잘 알려 주는 것', 넷째, 준법교양사업을 '다양한 형식과 방법으로 진행'하는 것, 다섯째, '긍정적 모범을 내세우고 널리 소개 선전하는 것', 여섯째, '당이 세워 준 준법교양체계의 우월성을 높이 발양시키며 법무해설원들의 역할을 높이는 것'이 그것이다.

첫째와 셋째는 북한이 준법교양사업에서 내용 면에서 강조하는 것이다. 둘째, 넷째와 다섯째는 북한의 준법교양사업의 방도이며, 여섯째는 북한의 준법교양을 담당하는 단위이다.

2. 준법교양에서 강조하는 내용

1) 국가법규에 대한 관점과 태도

북한은 '국가법규를 존엄 있게 대하는 관점과 태도는 우리나라 사회주의 제도에서 볼 수 있는 가장 고상한 법의식의 한 표현'이라고 한다. 북한은 '국가법규에 대한 옳은 관점과 태도를 세우는 것은 준법교양에서 가장 근본적인 문제로, 첫 공정으로 된다'고 보고 있다. '법을 대하는 관점과 태도는 법의식의 가장 중요한 내용'으로 '법과 관련한 사람의 모든 구체적인 활동의 기본출발점'이라는 것이다. '사회주의 근로자들 속에서 사회주의 법에 대한 관점과 태도를 바로 세우는 것과 관련하여 제기되는 기본 문제는 국가법규를 존엄 있게 대하는 것'이라고 한다.

그런데, 북한은 국가법규를 존엄 있게 대하여야 하는 주되는 논거를 '위대한 수령님'과 '친애하는 지도자 동지'의 권위와 관련지어 설명한다.

북한의 법은 곧 '위대한 수령'과 '친애하는 지도자 동지'가 마련한 '높은 권위'를 갖고 있는 법이라는 것이다. 사회주의 헌법을 비롯한 중요한 법들이 모두 '위대한 수령님께서 마련하시고 공포하신 것들이며 그 밖의 모든 법규범과 규정들도 다 위대한 수령님의 혁명사상과 우리 당 정책을 법률적 형식으로 구체화한 것'으로 본다. 법규들의 근본목적 또한 '위대한 수령님의 사상과 의도, 당의 로선과 정책을 철저히 관철하고 혁명투쟁과 건설사업의 성과적 수행을 보장'하는 데 있다고 한다.

그렇기 때문에, 준법교양에서 북한이 강조하는 것은, '모든 일군들과 근로자들이 국가법규를 준수 집행하는 것이 곧 위대한 수령님의 숭고한 뜻을 받들어 나가며 당의 정책을 관철하는 중요한 사업이라는 것을 똑똑히 인식하고 국가의 법을 존중히 여기며 무조건 준수 집행해 나가도록 하는데 선차적인 주의를 돌려야 한다'는 것으로 되어 버린다.

'국가법규에 대한 옳은 관점과 태도를 세우는 것'을 강조한 것은 북한이 건국[52] 이전부터 강조한 것이다. 물론 당시에는 국가법규로 명확히 지칭하지 않고 포괄적으로 인민정권에 대한 '옳바른' 관점과 태도를 세우는 것으로 나타났다. 김일성은 1946년 2월 15일 열린 북조선공산당 중앙조직위원회 제4차확대집행위원회 보고에서 인민대중 속에서 인민정권의 권위와 위신을 높이기 위한 선전사업을 강화하여야 한다는 지적을 한 바 있다. 광범한 대중 속에서 북조

---

52) '건국'이라는 표현은 북한이 사용하고 있기에 빌려 온 것이다. 대표적인 예로 김일성, 「건국사업에서 인테리들앞에 나서는 과업」, 『김일성 저작집』1(평양: 조선로동당출판사, 1979)을 들 수 있다.

선임시인민위원회의 성격과 당면과업, 그 인민적 시책에 대하여 적극 해설 선전함으로써 그들이 인민정권에 대한 옳은 인식을 가지고 그를 적극 지지 옹호해 나서도록 하여야 한다는 논리였다.[53)

북한의 준법교양 이론은 건국과 이후의 발전단계를 거쳐 정교해진 것이다.

2) 위법현상과 그 해독성

북한은 '위법현상과 그 해독성을 군중에게 널리 인식시키는 것은 매우 효과적인 준법교양 방도의 하나로 된다'고 본다. 그 이유는 '온 사회에 혁명적 준법기풍을 세우고 법무생활을 강화하는 사업은 위법현상을 극복하는 사업과 밀접히 련결되어 있는' 것으로 판단하기 때문이다. '근로자들에게 위법현상과 그 해독성을 옳게 인식시켜야 광범한 근로자들을 더욱 각성시키고 위법현상을 반대하는 투쟁에 적극적으로 나설 수 있게 하며 위법적 요소를 가진 사람들도 수치를 느끼고 나쁜 습성을 버리게 할 수 있다'는 것이다. 북한은 '준법교양에서는 반드시 위법현상의 형태와 수법, 그 원인과 동기, 조건들을 생동한 사실에 기초하여 잘 알려

---

53) 김일성, 『김일성 저작집』2권(평양: 조선로동당출판사, 1979), p.56.

주어야 하며 위법현상들이 나라의 발전과 인민들의 생활에
미치는 해독적인 후과와 엄중성을 똑똑히 인식시켜야 한
다'고 강조하고 있다.

3. 준법교양의 방도

1) 실속 있는 법해설선전 및 교양사업

　북한의 백과사전은 법해설선전사업에 대하여 이렇게 정
의하고 있다.

　　법해설선전: 법에 관한 로동계급의 혁명사상과 리론, 법규범과
　규정들의 구체적내용을 사람들에게 널리 알려주는 사업. … 우리
　나라에서 법해설선전은 근로자들이 위대한 수령 김일성동지와 위대
　한 령도자 김정일 동지의 법 사상과 리론으로 튼튼히 무장하고 현
　행 법규범과 규정의 요구대로 일하고 생활하도록 하는데 그 목적이
　있다. 법해설선전의 기본내용은 우리나라 사회주의헌법을 비롯한
　위대한 수령님과 위대한 장군님의 고전적법문헌들, 사회주의로동법
　과 로동규률 규정 등 모든 공민들이 알아야 할 법규들 특히 해당
　부문, 해당 단위에서 지켜야 할 법규범과 규정들에 대한 해설선전이
　다. 법해설선전은 강연회, 강습, 해설담화, 예술선동, 출판보도물과
　직관물, 영화와 텔레비죤을 통한 해설선전 등 다양한 형식과 방법으
　로 한다. 법해설선전에서 중요한 역할을 하는 것은 모든 기관, 기업
　소, 사회협동단체들에 있는 법무해설원들이다. 그들은 당과 혁명에
　충실하고 책임성이 높은 일군(주로 단위책임자)들이며 본신혁명과업

법해설선전 및 교양사업은 '일군들과 근로자들이 법규범과 규정을 잘 알도록' 하는 사업이다. 북한은 국가법규에 대한 '관점과 태도가 옳바로 섰다 하더라도 법규 자체의 내용과 요구를 구체적으로 모르는 경우에는 사업과 생활에서 행동의 옳고 그른 것을 분간하지 못하며 일을 되는대로 처리하는 현상이 나타날 수 있다'고 한다. '법규범과 규정들을 똑똑히 모르고 주관주의적으로 행동하는 데'에 '위법적 요소들이 완전히 없어지지 않고 있는 원인'이 있다는 것이다.

북한은 '법규 해설선전과 교양사업을 개선하기 위해' 필요한 것으로 두 가지를 강조한다. 첫째는 '법질서를 세우는 것과 관련한 모든 문제를 원리적으로 인식시키는 것'이고, 둘째는 '근로자들에게 법규범과 규정의 내용을 구체적으로 알려주는 것'이다.

'준법교양을 원리적으로 한다는 것은 법무생활과 관련하여 제기되는 문제들에 대하여 사람들에게 그 리치를 깨우쳐 준다는 것'이라고 풀이하고 있다. '준법교양을 원리적으

---

54) 『조선대백과사전(11)』, p.41.

로 해야 근로자들에게 법을 만들 때 당이 내세운 목적과 의도는 무엇인가, 법질서를 세우는 문제가 사람들의 자주적이며 창조적인 생활을 보장하는데서 어떤 주객관적 요구를 반영하고 있는가 하는 것 등을 깊이 있게 파악시킬 수 있다'는 것이다. '준법교양을 대상의 수준에 맞게 원리적으로 진행하여야 사람들이 그 깊은 뜻을 스스로 깨닫고 공감할 수 있으며 학습내용을 산지식으로, 확고한 신념으로 간직할 수 있다'고 한다.

근로자들에게 법규범과 규정을 구체적으로 알려 주어야 하는 이유는 '법규범과 규정을 모르고서는 잘 지킬 수 없고 정확히 집행해 나갈 수 없'기 때문이라고 한다. 북한은 법규범과 규정의 내용을 구체적으로 알려 주기 위해, '모든 일군과 근로자들이 이미 효력을 잃고 폐기된 법규범과 규정들은 어떤 것이며 새로 제정 채택된 법규들은 어떤 것이며 자기 사업에서 의거해야 할 법규범과 규정들의 구체적인 내용은 무엇인가 하는 것을 환히 꿰뚫고 일하도록 법해설사업을 실속있게 조직 진행해야 한다'는 것과 '당의 주체적인 법사상과 리론을 깊이 체득하며 법규범과 규정들에 대한 학습을 정상적으로 진행하도록 해야 한다'고 강조하고 있다.

2) 다양한 형식과 방법의 도입

　북한은 '준법교양사업을 어떤 격식과 틀에 맞추어 천편일률식으로 진행'하는 것, 곧 '형식주의'를 경계하고 있다. 준법교양은 '각계각층의 전체 인민을 대상으로 하고 정치, 경제, 문화 등 국가사회생활의 모든 부문, 모든 분야와 국가활동으로부터 기관, 기업소의 활동, 개인들의 일상생활에 이르는 모든 측면들을 포괄하는 매우 방대하고 복잡한 내용들을 취급하고 있'으며, '사람들의 연령, 성격, 수준이 서로 다르고 부문과 단위, 지역마다 특성이 있으며 수백 수천 가지의 법규범과 규정들이 모두 고유한 내용을 가지고 있'기 때문이다. 북한은 준법교양의 '실효를 높이기 위'해, '법규원문침투사업도 다양한 방법으로 꾸준히 진행하며 법규해설선전사업과 구체적인 실정과 결부하여 실속 있게 하'도록 하고 있다. '또한 여러 가지 선전선동사업을 벌일 때에도 그것을 준법기풍을 세우기 위한 교양사업과 결부하여 참신하게 진행하여야 한다'고 한다.

　북한은 이러한 논리에 따라, 각 기관, 기업소, 단체마다 있는 법무해설원들에게 자기 단위마다 준법교양을 하는 나름의 내용과 형식을 고안해 내도록 강조하고 있다.

3) 긍정적 모범의 확산

북한에서 '긍정적 모범을 내세우고 널리 소개 선전하는 것'은 모든 분야에서 일반적인 모습인데 준법교양을 강화하는 데서도 중요한 과업으로 자리매김하고 있다. '법질서를 자각적으로 지키는 모범적 사실들을 널리 소개 선전하는 것은 사람들에게 준법정신을 키워 주는 가장 위력한 교양방법의 하나'라고 한다. 뿐만 아니라 '착취와 압박이 없고 긍정이 지배하는 사회주의 제도의 본성과 새것과 정의에 대한 지향심이 매우 강한 우리 인민의 민족적 심리에도 맞는 가장 효과적인 준법교양방법'이라고 한다.

'법질서를 자각적으로 지키는 모범적 사실은 그 자체가 위법현상과 그 밑에 깔려 있는 낡은 사상 잔재에 대한 비판으로 된다'는 것이다. 또한 '모범적 사실은 인차 사람들을 공명시키고 그들로 하여금 자기에게 있는 그릇된 요소에 대한 자책감을 느끼게 하며 그것을 고쳐 나가려는 강한 결심을 가지게 한다'는 것이다. 나아가 '법질서를 자각적으로 지키는 모범적 사실은 위법현상을 극복하기 위한 똑똑한 방도를 가르쳐 준다'고 주장한다. '모범적 사실들은 부정적 현상의 원인과 시정대책을 생동한 현실행동으로 가르쳐 주며 그 방향으로 사람들을 추동한다'는 것이다.

4. 준법교양 담당 단위: 준법교양체계와 법무해설원

북한이 말하는 '당이 세워 준 준법교양체계'는 '친애하는 지도자 동지의 현명한 조치에 의하여 우리나라에는 력사상 처음으로 가장 선진적이며 독창적인 준법교양체계가 정연하게 꾸려'진 것으로, '기관, 기업소, 협동단체를 단위로 하고 각급 인민정권기관이 지도하는 국가적인 교양체계로 되어 있으며 법무해설원들이 준법교양사업을 직접 맡아 진행하고 있다'고 한다. 북한은 준법교양사업이 '사회의 모든 성원들을 대상으로 하고 사회생활의 전반적 분야에서 진행되는 사업'이기 때문에 하나의 '정연한 체계에 의거하여 진행하는 것은 그 성과를 좌우하는 근본문제의 하나'로 보고 있다. '정연한 체계를 통하여서만 사회주의 법무생활의 본성적 요구에 맞게 전국가적 범위에서 조직화되고 정상화될 수 있으며 자연발생성을 없앨 수 있다'는 것이다. 북한은 '온 나라에 정연한 준법교양체계가 서고 법무해설원 대렬이 튼튼히 꾸려짐으로써' '지난 시기의 좁은 수공업적인 울타리에서 벗어나 전국가적인 사업으로 준법교양사업이 확고히 전환되였다'고 자평하고 있다.

북한은 '준법교양체계를 옳게 움직임으로써 모든 부문, 모든 단위에서 법해설선전사업과 교양사업을 통일적으로

목적지향성 있게 벌리고 일상적으로 실속있게 진행하여야
한다'는 점을 강조하면서, '특히 법무해설원들의 역할을 높
이는 것이 중요하다'고 지적하고 있다. 북한에서 법무해설
원은 '공화국 법의 적극적인 옹호자, 선전자이며, 준법교양
의 직접적 담당자'로 자리매김하고 있다. '법무해설원들의
활동과 역할에 따라 준법교양의 성과 여부가 크게 좌우'되
기 때문에 '법무해설원들은 자기 사업에 대한 높은 책임감
을 간직하고 군중 속에서 여러 가지 형식과 방법으로 법해
설선전사업과 교양사업을 정상화하며 법규범과 규정을 준
수 집행하는데서 언제나 군중의 모범이 되고 위법현상과의
투쟁에서도 앞장서야 한다'고 한다.

제3절 법교육 개념의 재구성과 북한 적용

1. 법교육의 개념 재구성

1) 법교육 개념의 확장

앞에서 살펴본 법교육 이론은 대체로 법교육의 개념에 대
해서 학교교육 또는 사회교육[55]을 통한 그것에 한정되어

있다. 그러나 국가공동체의 일반 구성원에 대한 법교육은 교육의 현장이 아닌 공간과 매체를 통해서도 다양하게 이루어질 수 있다.

언론을 통한 법교육이 대표적이다. '솔로몬의 선택(서울 방송)'과 같은 텔레비전 프로그램은 재미와 함께 교양정보로서 법을 시청자들에게 교육하는 효과가 크다.

민주노총을 비롯한 변혁적 대중조직[56]들과 한국 투명성 기구를 비롯한 비영리민간단체들에서 비정기적으로 행하는 강좌나 행사, 책자 발간도 국가공동체 일반 구성원들에 대한 법교육 효과가 높다.

법으로 정해져 있거나 또는 해당 기관 또는 회사에서 필요에 따라 행하는 법교육도 많이 있다. 군 입대한 신병들에게 군형법의 조항들을 설명해 주거나 성희롱 예방 교육을 진행하는 것이 대표적이다. 기관 또는 회사에 따라 형식적으로 진행[57]되는 경우도 많이 있지만, 법교육의 범주에 들

---

55) 대한민국의 경우 대학의 사회교육원, 언론사·백화점의 문화센터 등 사회교육 공간이 확장되고 있지만, 아직 단편적인 생활법률 이상의 본격적인 법교육을 찾아보기는 힘들다.

56) 이는 대한민국 법령에서 사용하는 개념은 아니다. 여기에서는 활동가 다수가 스스로를 한국 사회의 근본변혁운동을 지향하는 것으로 인식하고 있고, 운동사회에서 일상적으로 사용하고 있기에 채택하였다.

57) 필자의 회사 경험은 이렇다. 인사 담당 부서에서 성희롱 교육과 관련한 문서를 만들어 각 부서로 회람시킨다. 이때 모든 직원이 문서에 서명을 하도록 한다. 전문가가 직접 와서 강의를 하는 등의 실제적인 교육은 이루어지지 않았다. 추측컨대, 이 문서는 관련 정부부처 보고용이거나, 성희롱 문제가 발생하여 법적인 문제가 되었을 때 회사의 책임이 없음을 입증하는 증거로 사용될 것이다.

어간다.

일반인들에게 판매되는 법 관련 서적들도 법교육 효과가 크다. 변호사, 법무사, 공인노무사, 공인중개사 등 법률가들이 일상적으로 행하는 법률상담도 법의 내용을 국가공동체 일반 구성원들에게 알려 준다는 점에서 법교육의 범주에 넣는 것이 필요하다.

이 책에서는 법교육의 개념을 확장할 필요가 있다는 논리적 전제 아래 국가공동체의 일반 구성원을 대상으로 법을 직접 교육하거나 법을 교육하는 효과가 있는 현상들을 모두 법교육으로 정의한다. 중장기적으로 볼 때 법교육의 확장된 개념을 사용하여 대한민국이라는 국가공동체의 일반 구성원들을 대상으로 하는 법규범, 법인식, 법현실 교육에 대한 성찰과 모색이 진행될 것으로 예상된다.[58]

우리 사회에서 법교육은 아직 생성 중인 개념이라고 할 수 있다. 학계에서도 그 의미는 통일되어 있지 않다.

우리 사회에서 법교육이란 개념이 본격적으로 사용되기 시작한 것은 2004년이다. 그해 8월 법무부장관 김승규가

---

58) 법교육의 개념 확대뿐 아니라 법의 개념 자체에 대한 확장된 이해도 필요하다. 대한민국의 법학은 해석법학 위주로 되어 있는데 이는 각종 법 관련 자격증을 준비하는 시험법학의 의미를 갖는다. 그러나 법의 이해에서는 거시적이고 통시적인 차원에서 입법, 사법, 행정의 총체적인 시각이 필요하다. 정치과정, 비영리민간단체의 활동 또는 한국사회의 근본변혁운동과도 법은 뗄 수 없다. 물론 미시적이고 공시적인 시각에서는 시험법학이 근본적인 오류를 갖고 있지는 않다. 그러나 거시적이고 통시적인 시각이 빠진 법의 이해는 빙산의 일각만 이해하는 것이다.

법교육 강화의 필요성을 언급하고 12월 법무부 정책자문기
구인 법무부 정책위원회에서 법교육 강화 방안을 건의한 이
후 법무부 주요 정책 과제에 법교육이 포함되기 시작한 것
이다.[59]

2) 규범교육의 일환인 법교육

법교육은 광범위한 규범교육의 일환이라는 점을 이해할
필요가 있다. 한 국가공동체에 적용되는 규범은 크게 법규
범, 도덕규범, 사회규범[60]으로 나눌 수 있다.

법규범은 국가가 공식적인 입법기관을 통해 법의 형식으
로 제정 공포하고 공권력을 통하여 그 준수가 보장되는 규
범이다. 법규범의 위반 시 범죄가 되거나 불법으로 평가된다.

도덕규범은 오랜 전통을 통해 형성된 규범들로서 국가가
제정하거나 집행을 보장하지는 않지만 일반적으로 옳고 그
름에 대한 판단 기준이 형성되어 있는 규범이다. 거짓말을
하지 마라, 배우자 있는 자가 다른 이성과 관계를 갖지 마
라 같은 가치판단이 따르는 규범이다. 도덕규범 위반 시 부
도덕으로 평가된다.

---

59) 윤현봉(2007), pp.115 - 116.

60) 법규범, 도덕규범, 사회규범의 개념은 이상돈, 『법학입문』(서울: 법문사, 2006),
    pp.187 - 205에서 차용하였다.

사회규범은 가치판단과 상관없이 사회 구성원들이 일반적으로 따르도록 사회적 합의가 형성된 규범을 의미한다. 에스컬레이터를 오르내릴 때 한쪽은 비워 두고 가자는 것[61]과 승용차의 상석 순위 등이 그것이다. 이러한 규범을 어길 때는 예의에 어긋나는 것은 될 수 있지만 법적 제재를 가하거나 도덕적 책임을 제기하기는 곤란하다.[62]

물론 삼자는 엄밀하게 구분하기 힘든 경우가 많다.

한 국가공동체 내에 존재하는 기관, 기업, 단체 등 하부 공동체 단위에만 적용되는 규범들도 있다. 종교집단 내에서만 적용되는 종교규범, 회사의 사규, 정당의 강령, 혁명조직의 규율 같은 것이 그 예가 된다. 이러한 규범들을 '조직규범'이라고 이름 붙일 수 있다.[63]

---

61) 최근 우리 사회는 에스컬레이터는 양쪽을 모두 이용하여 오르내려야 한다는 새로운 사회규범이 주장되고 있다. 에스컬레이터의 한쪽은 비워 두자는 규범 또한 1990년대 중반 즈음 주장되기 시작하여 많은 인력과 시간, 돈이 사용되는 과정을 거쳐 정착되었다. 에스컬레이터의 이용 방법과 관련한 사회적 토론은 사회규범이 어떻게 형성되고 변화하는지를 잘 보여 주는 사례이다.

62) 사회규범은 위반 시 예의에 어긋난다는 평가를 받게 되는 경우가 많으며, 사회규범을 지키자는 것은 무례에 반대한다는 의미가 될 수 있어 '반무례규범'이라고 명칭을 부여하는 것이 적절하다.

63) 국가공동체를 구성하는 각종 하위 조직체의 규범이라는 의미에서 '조직규범'이라는 개념이 타당하다고 본다. 국가공동체 전체가 아니라 일부분의 영역을 규제한다는 점에서 '부분규범'이라고 할 수도 있고, 국가공동체의 하부 단위를 규제한다는 점에서 '하부규범'이라는 개념도 타당하다고 본다. 혁명조직의 규율을 예로 들면 조직 자체가 국가공동체는 아니기에 조직원이 아닌 사람에게 준수를 요청하는 것은 적절하지도 적법하지도 않다. 가입과 탈퇴가 어려운 조직체도 있겠지만 대체로 가입과 함께 조직규범의 준수를 요청받게 되고 탈퇴 또는 제명과 함께 준수의 의무가 사라진다.

일반적으로 한 국가공동체의 하부 공동체 단위에만 적용되는 조직규범은 법규범에 비해 비중 있게 다루어지지 않고 있다. 그렇지만, 조직규범은 해당 단위의 구성원들에게는 국가공동체 전체에 적용되는 규범보다 더 큰 경제적·심리적 영향을 끼칠 수 있다는 점에서 새롭게 평가될 필요성이 있다.

법교육은 큰 틀에서 보면 규범교육의 일환으로서 한 국가공동체의 전체 구성원들에게 적용되는 법규범을 교육하는 것이다. 법교육은 법규범의 존재와 그 내용에 대하여 교육하는 것, 법규범이 나오게 된 가치와 관련된 내용, 곧 흔히 법이론, 법사상, 법의식이라고 하는 법인식을 교육하는 것, 법규범이 적용되고 법인식이 구현되는 법현실에 대한 이해와 그 개선을 위한 노력의 원칙과 방법을 교육하는 것 등 크게 세 축의 내용으로 이루어진다.

법교육의 모든 내용은 오늘날 세계를 사는 우리들의 행위규범이나 평가규범이 되고 있는 것으로 근대 민주주의의 진전과 더불어 형성되고 구축되어 온 것이다. 따라서 한마디로 근대 민주주의 법원리이다.[64]

법규범은 법학의 발달과 함께 아주 구체적이고 세밀한 부분까지 그 원리적 타당성과 내용적 구체화가 정립되어 있

---

64) 많은 이들이 흔히 사용하는 '리걸마인드'라는 개념의 핵심은 바로 이 근대민주주의 법원리라고 하는 것이 타당하다.

다. 이와는 달리 도덕규범·사회규범과 조직규범은 아직까지 원리의 내용과 적용의 실제에서 무원칙하거나 상황에 따른 논리의 정당화가 이루어지는 경우가 많다.[65]

장기적으로는 근대 민주주의 법원리에 따라 다른 규범들의 세부적 원리와 내용적 구체화가 이루어질 필요가 있다. 이때는 법규범을 제외한 나머지 규범에 대한 교육도 포괄적으로 법교육이라고 정의 내릴 수 있다. 물론 이때 법은 모든 규범을 통칭하는 의미가 될 것이다.

3) 넓은 의미의 법교육과 좁은 의미의 법교육

법교육을 한 국가공동체의 전체 구성원들에게 적용되는 법규범을 교육하는 것으로 정의할 때, 그 대상을 기준으로 하여 크게 세 영역으로 나눌 수 있다. 법률가 또는 예비 법률가를 대상으로 하는 것이 하나이고, 각 분야의 직업인을 대상으로 하는 것이 둘이며, 일반 대중, 곧 학생을 포함하여 국가공동체의 일반 구성원을 대상으로 하는 것이 셋이다.

---

65) 부모의 자녀 양육과 관련하여 근대 민주주의 법원리의 하나인 비례성 원칙을 적용한다고 생각해 보자. 부모가 일방적으로 정한 귀가시간을 어겼다고 하여 용돈 지급을 금지하거나 체벌을 하는 등의 훈육 원칙은 어떻게 평가할 수 있을까? 비례성 원칙에 따라 가족 내 규칙을 만든다면 기존의 훈육 기준과 관행은 많은 부분 재검토되어야 할 것이다.

법률가 또는 예비 법률가를 대상으로 하는 법교육은 법학교육과 같은 의미이다. 여기에는 판사, 검사, 변호사 같은 일반적 의미의 법률가뿐 아니라, 공인노무사, 변리사, 법무사, 세무사, 공인중개사 등과 같이 법과 관련된 자격을 취득하려고 하는 시험 법학이 모두 포함된다.

각 분야의 직업인을 대상으로 하는 법교육은 주변에서 많이 찾아볼 수 있다. 예를 들어 공무원의 자격을 갖추는 데 필요한 각종 법령들을 공부하는 것, 기업에서 업무와 관련한 법적인 지식을 습득하는 것, 비영리민간단체들이 자신들의 이해를 지키고 권리를 확보하기 위해 회원 또는 비회원 시민들에게 인권, 정보공개 등 법에 규정된 각종 조문들을 교육하는 것이다.

일반 대중을 대상으로 하는 법교육은 법률가도 아니고 각 분야의 직업인도 아닌 곧, 직접 생활이나 직업에서 법을 매개로 하지 않는 사람을 대상으로 하는 것이다. 좁은 의미의 법교육은 일반 대중을 대상으로 하는 법교육만을 의미하고, 넓은 의미의 법교육은 세 영역 모두를 포괄한다. 예비 법률가를 대상으로 하는 법학교육의 경우 모든 시험 준비자들이 해당 자격을 취득하지는 않는다는 점[66]에서 비법률가 일반인들을 대상으로 한 법교육의 효과가 있다는 점

______

66) 특히 엄청나게 많은 젊은이들이 각종 고시 준비에 온 힘을 쏟는 한국의 상황에서는 더욱 그렇다.

에서 주목할 만하다.

법교육은 넓은 뜻으로 보면 예비 법률가를 대상으로 하는 법교육, 직업인들을 대상으로 한 업무 관련 법교육, 국가공동체의 일반 구성원들을 대상으로 하는 법교육을 모두 포괄할 수 있는데, 이 연구에서는 일반 구성원들을 대상으로 하는 좁은 뜻으로 한정하고 사용한다.

대한민국 법학은 법 관련 각종 자격증을 준비하는 시험에 맞추어져 있다. 이러한 시험법학과 일상의 삶에서 대한민국 공동체의 구성원들이 느끼고 인식하는 법은 엄청난 간격이 있다. 향후 법교육에서는 이 간격을 좁히는 것이 중요하게 다루어져야 할 필요성이 크다고 하겠다.

2. 법교육 이론의 북한 적용

현재 북한은 스스로 '법교육'이라는 개념을 사용하지 않고 있다. 학교교육에서는 사회주의헌법만을 교육하는 것으로 알려지고 있다. 따라서 북한의 법교육을 살피는 데서는 법교육의 확장된 개념을 적용하는 것이 적절하다.

북한도 국가[67]이기에 국가기관이 제정[68]하여 시행하는

---

67) 대법원(1999.7.23. 선고 98두 14525 판결)과 헌법재판소(1997.1.16. 선고 92

법규범이 있다. 북한은 최고주권기관이 채택하는 법문건을 '법령'이라는 개념으로 표현한다. 북한은 법령을 기본법령과 보통법령으로 구분하는데, 기본법령에는 헌법이 속하며 보통법령에는 헌법 이외의 법령들 즉 형법, 형사소송법, 민법, 인민경제계획에 관한 법령, 국가예산에 관한 법령 등이 속한다. 북한은 최고인민회의에서 채택하는 법문건만을 법령이라고 한다.[69]

북한에서 특이한 것은 인민경제계획[70]을 법으로 본다는 것이다.

> ≪국가계획은 바로 전체 인민의 의사를 반영한 당의 지령이며 국가의 법입니다. 누구도 그것을 어길 권리가 없으며 모든 경제기관, 기업소들에서는 오직 그것을 수행할 의무밖에 없습니다.≫(『김일성저작집』 제24권, 35 – 36페지)[71]

뒤에서 살펴보겠지만, 북한에서 법무해설원은 경제계획의

헌바6, 26 93헌바34, 35, 36 결정, 2000.7.20. 선고 98헌바63결정)는 일관되게 북한의 국가성을 부인하고 있다.

68) 북한은 '채택'이라고 표현한다.

69) 『조선대백과사전(11)』, p.27.

70) 북한은 1999년 4월 9일 인민경제계획법을 채택하였다. 인민경제계획법이 채택됨으로써 북한의 인민경제계획은 이 법이 정한 원칙과 절차에 따라 작성되게 되었다. 북한은 인민경제계획법에 따라 채택된 인민경제계획 자체를 법으로 보고 계획의 완수는 곧 인민의 의무가 되는 논리를 여전히 전개하고 있다. 인민경제계획법 제1조는 "인민경제계획은 경제발전을 과학적으로 예견한 국가의 지령이다."라고 규정하고 있다.

71) 리동구, 「생산정상화와 계획규률의 강화」, 『근로자』 1985년 제1호, p.55.

달성을 위한 조직동원과 생산성을 선도하는 역할이 크게 부각되고 있다. 이는 북측이 법을 이해하는 시각이 남측과 상당한 정도로 차이가 있기 때문이다. 따라서 북한 법교육의 현황과 특징을 이해하고자 할 때 북한이 다른 국가공동체와는 다르게 정의하는 법규범의 의미를 기본적으로 고려할 필요가 있다. 이 연구에서는 국가계획을 비롯하여 북한이 법으로 보는 것을 모두 법규범으로 정의하고, 이에 기초하여 북한의 법교육을 살피고 그 특징을 규명할 것이다.

북한의 법학교육을 연구 범위에서 제외한다는 점은 이미 언급하였다. 아직까지 북한에 변호사, 판사, 검사를 제외한 다른 유사법조인 제도가 존재하는지에 대해서는 확인되지 않고 있다. 북한도 직업인들마다 각기 나름의 법교육을 받을 터이지만, 이 연구에서는 논외로 한다.

북한의 준법교양 이론과 일반적인 법교육 이론은 전자가 후자에 포섭되는 관계이다.

북한은 공민 개개인이 법을 존중하고 의무를 진지하게 받아들이도록 교육하고 있으며 법적 의무를 넘어 양심과 의리로 대하도록 교육하고 있다. 이는 미국이 초기 식민지 시대부터 법에 대한 교육을 강조하면서 공동체의 구성원들이 정부에 대해 잘 이해한다면 자동적으로 더욱 우수한 민주시민이 될 것이라고 가정한 점과 일맥상통하는 것이다.

준법교육은 흔히 범죄의 예방과 관련하여 중요성이 언급

되는데 이는 북한도 마찬가지이다.

국가와 최고지도자에 대한 무조건적인 애국심과 충성을 강조한다는 비판적 지점에서도 북한의 준법교양 이론은 준법교육과 동일한 평가를 받을 수 있다. 북한의 준법교양 이론에서 법은 '사실'이 아니라 '교의'이다.

준법교육은 법을 교육하는 목적의 일부이다. 북한은 아직까지 법교육 이론 전반에 해당하는 자체의 법이론 논리는 갖고 있지 않다. 북한의 법교육을 살필 때 북한의 준법교양 이론이 법교육에 포섭된다는 점을 감안하고 살필 필요가 있다.

현 단계에서 법교육 이론을 북한에 적용할 수 있는 여지는 국가공동체의 일반 구성원을 대상으로 한다는 점뿐이다. 이 연구에서는 국가공동체의 일반 구성원을 대상으로 법을 직접 교육하거나 법을 교육하는 효과가 있는 현상들을 법교육으로 정의한다.

북한 법교육의 현황

 법무해설원을 통한 법교육

　법무해설원은 근로자들 속에서 북한법을 해설하고 선전하며 준법교양을 담당 수행하는 일꾼이다. 북한의 모든 기관, 기업소, 사회협동단체들에는 법무해설원이 있다. 이들은 해당 기관의 종업원들 가운데서 당과 혁명에 충실하고 책임성이 강한 '일군'들로 선정된다. 자기의 원래 임무를 수행하면서 '법무해설사업'을 진행한다.[72] 주로 해당 기관, 기업소, 사회협동단체의 단위책임자들이 법무해설원 역할을 수행한다.[73] 법무해설원은 별도의 직업이 아니며 하나의 직역이다.

　현재 북한이 스스로 법무해설원의 활동에 대해서 정리한 논문과 단행본은 발견되지 않는다. 언론을 통해 법무해설원의 활동을 종합해 보면 이렇다.

---

72) 『조선대백과사전(11)』, p.30.
73) 『조선대백과사전(11)』, p.41.

<표 Ⅲ-1> 북한 언론에 소개된 법무해설원 활동 소개 기사 현황(2006년도 『민주조선』 보도 기준)

월	일	단위	이름	월	일	단위	이름
1	31	대관군화학일용품공장 봉산자동차사업소	박광진 리태준	2		관련 기사 없음	
3	25	사리원어린이식료품공장 원산시시루봉협동농장	리미옥 김흥선	4	5	봉산군피복공장 신포시상업관리소련호 식료품종합상점	리영숙 김영숙
					19	옹진건재공장	김정남
					30	신평군상업관리소 향산수출피복공장	장명성 정충심
5	10	순천화학일용품공장	원영식	6		관련 기사 없음	
	24	삭주직물공장 태천식료공장	박성실 김봉녀				
7	16	철산군량정시업소 염주초물공장	주병준 리명순	8	19	청암식료공장 염주수출피복공장	린련화 최광국
9	15	수산사업소	허영근	10	26	강서제사공장	윤영화
	16	청진스레트공장	림영준		28	원산통신케블공장 혜산기초식품공장	김병곤 김인옥
	26	삭주식료공장 평강군량정사업소	백정웅 리명철				
11	12	평양창광옷공장 길주군장공장	김홍원 편호림	12	8	온천과수농장 순천편직공장	하성희 최승희
	22	희천정밀기계공장 문덕식료품가공공장	최영철 윤영남		9	정주식료가공공장	백정옥
	25	라선기초식품공장	한영모				

1. 법규범 및 규정의 교육

법무해설원은 나라의 법과 규정들을 잘 지키도록 '법무해설사업'을 진행하는 것이 기본 활동이다. 법무해설원이

교육하는 것은 사회주의 헌법을 비롯한 법규범에만 한정되지 않는다. 협동농장의 '농장준칙'을 비롯한 규정들을 잘 지키게 하는 것도 포함된다. '산림보호규정', '교통규정질서' 등도 법무해설원들에게는 법이다. 예를 들어 농장원들 속에서 '로동의 질과 량'에 따르는 사회주의 분배원칙이 정확히 실시되게 하려면 어떻게 해야 하는가를 해설한다.[74]

법무해설원들의 법규범 및 규정의 교육에서 강조되는 것은 자체 실정 또는 실생활과 결부하라는 것이다.[75] 법해설을 할 때 일반적인 강조나 해설로 그치는 것이 아니라 실생활에서 근로자들의 준법의식이 어떻게 표현되며 그것이 혁명과업수행에 어떻게 이바지되는가를 '생동하게' 해설하는 것이 모델로 언급되고 있다.[76]

법무해설원은 주 1차씩 또는 근로자들이 모이는 계기를 활용하여 인민경제계획법과 법규범과 규정들을 '직관물'들을 '안받침'하여 해설한다.[77] 이들은 아침 시간, '쉴 참', 교대시간, 퇴근시간 등 시간과 장소에 구애되지 않고 '법해설선전사업'을 진행한다.[78] 전체 종업원들이 모이는 기회에

---

74) 김순호, 「법무해설원들의 역할을 높여」, 『천리마』 제12호(누계499호)(평양: 천리마사, 2000), p.42.

75) 김순호(2000), p.42.

76) 『민주조선』, 2006. 1. 31. 2면.

77) 『민주조선』, 2006. 10. 28. 2면.

78) 『민주조선』, 2006. 12. 9. 2면.

법해설선전사업을 진행할 뿐만 아니라, 작업반의 임무와 업종별 특성에 맞게 심도 있게 '법해설담화자료'를 준비하여, 작업반을 위주로 하면서 다른 업종의 임무를 수행하는 종업원들을 대상으로 준법교양을 구체적인 실정에 맞게 진행한다. 날마다 진행되는 '일생산 및 재정 총화모임'을 이용하여 '로동규율규정' 등 법규범과 규정에 대한 해설을 진행하기도 한다.[79]

법무해설원들은 단순히 법규범과 규정의 내용을 해설하는 것으로 그치는 것이 아니라, 해당 기업소나 단체에 걸린 문제를 풀기 위한 사업과 결부하여 '진공적으로' 법해설선전사업을 진행한다.[80] 전기 절약을 강조할 필요성이 있는 공장 또는 사업소의 경우에는 '전기절약을 잘할 데 대한 해설담화'를 실속 있게 준비하여 종업원들이 '교차생산조직규율'을 철저히 지키고 가정에서 전기절약을 잘해 나가도록 법해설선전사업을 진행하는 식이다.[81]

법무해설원은 여러 가지 방법으로 법규범교육을 실시한다. 가장 기본이 되는 것은 법규범과 규정들을 해설한 '걸그림', 카드, 법해설담화자료를 충분히 마련하고 이를 곳곳에 게시하는 것이다.[82] 법규범과 규정들, 법과 관련한 상식

---

79) 『민주조선』, 2006. 9. 15. 2면.
80) 『민주조선』, 2006. 12. 9. 2면.
81) 『민주조선』, 2006. 12. 8. 2면.
82) 『민주조선』, 2006. 1. 31. 2면.

들을 해설한 걸그림들을 공공장소들에 게시하거나, 법해설 자료들을 카드화하여 사무실과 휴게실마다 갖추어 놓고 일꾼들과 종업원들이 효과 있게 이용하도록 하는 것이다.[83] 법해설담화자료의 게시는 관리위원회와 작업반들에 모두 해당되며,[84] 작업반 단위별로 구체화하여 현장에 따라 직관물 종류를 다양하게 비치한다.[85]

법무해설원들이 진행하는 법해설선전사업의 내용은 나라의 법규범과 규정 전반에 걸쳐 있다. 그중에서도 '로동계급'이 생산의 주인이며 새 기술의 창조자라는 것, 선진기술과 앞선 작업방법을 적극 받아들이는 것이 '생산장성의 중요한 예비'라는 것이 강조된다. 법규범과 규정을 해설 선전하는 데서 기술혁신운동과 결부하여 법해설담화자료를 만들기도 한다.[86]

'일군'들과 종업원들 속에 사회주의법에 대한 '옳바른 인식'을 가지도록 하는 데 '선차적인 주목'을 돌리는 것도 당연히 포함된다. 이를 위해 월별, 주별로 '법해설선전사업계획'을 정확히 세우고 그에 기초하여 '일군'들과 종업원들 속에 '사회주의법의 본질과 우월성'을 '반복해설침투'시킨다.[87]

---

83) 『민주조선』, 2006. 10. 28. 2면.
84) 『민주조선』, 2006. 3. 25. 2면.
85) 『민주조선』, 2006. 8. 19. 2면.
86) 『민주조선』, 2006. 12. 9. 2면.
87) 『민주조선』, 2006. 10. 28. 2면.

법무해설원들은 자신들의 임무를 완수하기 위하여 수시로 현장에 나가 단위의 실태를 구체적으로 알아보고 종업원들의 준법의식상태도 '료해'한다. 이를 통해 법해설담화자료를 준비할 때 공장에서 제일 '걸린 문제를 푸는데로 지향'[88]시킨다.

이러한 요해에 바탕 하여 '준법교양계획'을 수립한다. 이때 법무해설원들은 일부 작업반을 시범단위로 설정하고 '본보기작업반'을 꾸려 '본보기단위'로 꾸린 데 맞게 그것을 일반화하기 위한 사업을 심화시킨다. 종업원들이 '해당한 부문'의 법규범과 규정들을 적은 수첩을 가지고 다니게 하기도 하며, 종업원들이 '법무생활수첩'을 마련케 하고 법해설선전 때마다 반드시 알아야 할 법규범들과 규정들을 적어두고 늘 학습하도록 한다.[89] 나아가 종업원들 속에서 국가의 법규범과 규정들에 대한 문답식 학습을 계획적으로 조직하거나, 자료통보와 '예술소품공연'을 통한 법해설선전을 진행하기도 한다.[90] '원문침투사업'을 강조할 때도 있다.[91]

법규범과 규정을 교육하는 데서 과거의 모범사례를 적극 활용한다. 지난 시기에 공장에서 기술을 혁신하여 생산능력을 1.5배로 높인 '생동한 사실자료'를 가지고 종업원들의

---

88) 『민주조선』, 2006. 9. 26. 2면.
89) 『민주조선』, 2006. 9. 15. 2면.
90) 『민주조선』, 2006. 11. 25. 2면.
91) 『민주조선』, 2006. 9. 26. 2면.

자각성을 적극 불러일으키는 식이다.[92]

'설비점검의 날'과 같이 국가적으로 또는 단위별로 정해진 때에는 시기적 활동과 관련하여 법해설선전사업을 진행한다. 설비점검의 날에 종업원들에게 설비관리규정을 공장의 '설비관리정형'과 결부하여 조항별로 하나하나 알려 주고, 설비관리에서 나타난 '긍부정자료'들을 통보한다. 설비점검과 보수에서 표준조작법과 기술규정의 요구를 철저히 지켜나가도록 하기 위한 '실효모임'을 실정에 맞게 조직하기도 한다.[93]

'준법기풍' 확립에서 모범적인 '일군'들과 종업원들을 적극 찾아내어 널리 '소개 선전'하는 것도 바로 이들의 활동이다.[94] 당원들과 농장원들 속에서 발휘되는 '준법기풍'을 널리 소개 선전한다.

2. 준법의 감시

법무해설원들은 소속된 해당 단위에서 위법현상이 나타날 수 있는 요소와 '경향성'들을 제때에 찾아내어 법해설선

---

92) 『민주조선』, 2006. 10. 26. 2면.
93) 『민주조선』, 2006. 8. 19. 2면.
94) 『민주조선』, 2006. 10. 28. 2면.

전자료에 반영한다.95) 현장에 나가 공장의 실태를 구체적
으로 알아보고 종업원들의 준법의식 상태를 요해하는 활동
을 통해 적극적으로 준법의 감시자 역할을 하는 것이다.96)

상품관리에서 일부 자재 '일군'과 종업원들이 입출고질서
를 제정된 규정의 요구대로 하지 않은 흔적을 발견하는 경
우 해당 종업원들에게 그 자리에서 충고를 주어 결함을 고
치도록 한다. 사회주의재산관리법의 해당 조항과 자재관리
와 관련한 규정을 가지고 '생동한 실례를 결부'하여 법해설
신진을 준비한다. 발견한 위법의 계기를 적극적인 법무해설
의 기회로 활용한다. 사무실과 창고들에 해당한 법과 규정
들을 써 붙이고 모두가 그 내용을 환히 알도록 하는 것은
물론이다.97)

위법현상을 목격하고 현장에서 제때에 바로잡아 주는 것
과 함께 작업공정들을 구체적으로 요해, 국가의 법규범과
규정들을 연구하여 실정에 맞게 법해설담화자료들을 준비
하고 매 작업반들의 작업현장에 해당한 법해설자료 카드들
과 해설집들을 비치하고 종업원들이 늘 그것을 이용하게
하는 법무해설원들의 활동은 상시적인 감사 업무의 일환이
라고 이해된다.98)

---

95) 『민주조선』, 2006. 11. 12. 2면.
96) 『민주조선』, 2006. 9. 26. 2면.
97) 『민주조선』, 2006. 4. 30. 2면.
98) 『민주조선』, 2006. 7. 16. 2면.

물론 법무해설원들이 위법현상을 감시하기만 하는 것은 아니다. 이들은 기술자들 속에 들어가 '담화'도 하고 그들의 '창발적 의견'도 들으면서 토론을 심화시켜 공장의 기술자들은 '자기들이 지닌 법적 의무감을 깊이 자각'하게 한다. '기술관리사업을 끊임없이 개선 강화할 데 대한' 법규범과 인민경제계획은 국가의 법이라는 제목의 '해설담화제강'을 '공장 앞에 나선 혁명과업수행'과 결부하여 해설 선전하는 것이다.[99]

생산현장에 내려가 종업원들의 '법무생활정형'을 구체적으로 장악하고,[100] 종업원들의 준법의식 상태를 '해부학적으로' 알아본 데 기초하여 월별, 주별로 준법교양계획을 세우며[101] 시기별, 영농공정별 특성에 맞게 주별, 월별 준법교양계획을 면밀히 세운다.[102]

3. 생산성 선도

북한의 법무해설원들이 법교육의 시각에서 볼 때 가장 근본적으로 차이가 나는 것은 바로 국가계획 완수를 위한

99) 『민주조선』, 2006. 11. 12. 2면.
100) 『민주조선』, 2006. 4. 5. 2면.
101) 『민주조선』, 2006. 1. 31. 2면.
102) 『민주조선』, 2006. 3. 25. 2면.

조직동원과 생산성 선도 역할을 한다는 것이다. 법무해설원들은 인민경제계획이 제시되면 계획 수행과 관련하여 법해설선전을 진행한다. 현장에 나가 생산정형을 구체적으로 요해하면서 계획수행방도를 찾아 나가는 것이 이들의 역할이다. 예를 들어 계획 수행을 위해 열 보장이 기본 담보라면 열관리공들 속에서 생산과제와 임무의 중요성을 깊이 인식시키기 위한 사업을 법해설선전과 결부하여 벌인다.[103]

콩우유 생산공정을 '새로 꾸릴 데 대한' 문제가 일정에 오르면 이린이들과 하생들에게 콩우유를 정상적으로 공급하기 위해 생산공정을 현대적으로 꾸려야 한다는 것을 깊이 인식시키는 것이 바로 법무해설원들이다.

법무해설원들은 '기술혁신조'를 조직하기도 한다. 이때 법무해설원들은 기술자, 기능공들이 '오늘의 자력갱생은 현대적인 과학기술에 기초한 자력갱생'이라는 옳은 인식을 가지는 내용으로 법해설선전자료를 준비한다.[104]

매년 초 공동사설이 제시될 때도 그 관철을 위한 사업을 법해설선전과 밀접히 결부하여 벌여 나가며, 공동사설에 제시된 '전투적 과업'과 수행방도를 인민경제계획법과 '로동규률규정' 등과 결부하여 해설하여 높은 준법의식을 가지고 생산에서 혁신을 이룩하도록[105] 한다.

---

103) 『민주조선』, 2006. 5. 24. 2면.
104) 『민주조선』, 2006. 3. 25. 2면.

이러한 역할을 통해 각 단위에서 법무해설원들은 생산성을 높이는 선도자 역할을 한다. 생산의 기본 단위라고 할 수 있는 작업반장, '분조장'들의 역할을 높여 조직 동원하는 것도 법무해설원들이다. 이때 농장초급 '일군'들의 '일본새'에 따라 작업반, 분조원들의 준법기풍과 사업실적이 좌우된다고 늘 일깨워 준다.[106]

『민주조선』을 비롯한 북한의 언론에는 법무해설원들의 적극적인 활동을 통해 엄청나게 생산성을 향상시킨 사례가 자주 소개된다. 대관군 화학일용품공장 법무해설원 박광진의 경우, 종전에 비해 근 50%의 석탄을 절약할 수 있는 가정용연료생산과 그 이용에서 제기되는 기술적 문제들을 원만히 해결하고 성과를 확대하기 위한 사업을 했다고 소개되고 있다.[107]

법무해설원들은 생산성 향상을 위해 여러 가지 방법을 활용한다. 지난 시기 공장에서 기술혁신운동을 힘 있게 벌이는 과정에 '창안도입'된 기술혁신안들과 그 결과로 이룩된 생산성과들을 가지고 종업원들의 자각적 열성을 적극 불러일으키기도 하고,[108] 기술자들 속에서 '법규범원문침투

---

105) 『민주조선』, 2006. 1. 31. 2면.
106) 『민주조선』, 2006. 3. 25. 2면.
107) 『민주조선』, 2006. 1. 31. 2면.
108) 『민주조선』, 2006. 4. 30. 2면.

사업'을 힘 있게 벌이기도 한다. 기술자들에게 필요한 과학기술참고서적들도 구하여 주면서 현장에서 그들의 지혜와 힘을 계발시켜 나가는 등[109] 여러 활동을 통해 법무해설원들은 국가계획 수행을 위한 조직동원과 생산성 향상의 역할을 해 나가고 있다.

〈표 Ⅲ-2〉 법무해설원 소속 단위(2006년도 『민주조선』 보도 기준)

단위	명	비 고
공장	23명	
협동농장	2명	
상업관리소	2명	
기타	4명	량정사업소 2명, 수산사업소 1명, 자동차사업소 1명
계	31명	

국가계획 달성을 위한 생산성 선도가 법무해설원의 주요 역할이 되는 것은 국가계획 자체를 법으로 보는 북한의 태도에서 비롯되는 것이다. 국가계획을 어기는 것은 심각한 법적 의무 위반이다. 따라서 북한의 각 기관, 기업소마다 존재하는 법무해설원들이 국가계획 달성을 위한 조직동원 역할을 하는 것은 당연하다. 법무해설원들이 통상적으로 각 단위의 책임자들이 임명되는 것도 이러한 맥락에서 이해할 수 있다. 각 단위의 책임자들인 법무해설원의 법해설선전은 곧바로 해당 조직의 지휘명령체계의 발현이기도 한 것이다.

---

109) 『민주조선』, 2006. 9. 16. 2면.

그리고 이는 또한 단위 책임자들의 본연의 임무이기도 하
다. 따라서 법무해설원이라는 직역은 단위 책임자들이 이미
갖고 있는 본연의 임무를 법의 이름으로 의미를 부여하는
것이라고 평가하는 것이 가능하다.

4. 법무해설원에 대한 지원과 통제

각 기관, 기업소, 단체 등 준법교양단위에서 법무해설원
들이 제대로 활동할 수 있도록 지원과 통제 역할을 하는
단위는 인민위원회이다. 법무해설원을 주로 각 단위의 책임
자가 맡는 상황에서 상급 단위인 인민위원회가 감독 역할
을 맡는 것이다. 인민위원회 내의 법무부 '일군'들이 주로
법무해설원에 대한 지원과 통제 역할을 맡고 있다. 물론 당
조직의 지도도 들어간다.

인민위원회에서 법무해설원들에 대한 지원과 통제를 맡
는 '일군'은 법무부장[110]이 중심이 된다.

법무부 책임부원 강유환 동무는 국토관리사업을 개선강화할 데
대한 당의 의도에 맞게 토지법, 산림법, 강하천 관리법 등을 가지고
국토관리사업과 관련한 법해설선전사업을 다양한 형식과 방법으로

---

110) 『민주조선』, 2006. 8. 13. 2면.

진공적으로 벌리도록 법무해설원들을 도와주고 자신이 직접 법해설
선전을 진행하고 있다.[111]

이들은 군 안의 여러 '준법교양단위'들에 수시로 나간다.
기관, 기업소에서 법무해설원들의 '법해설선전사업정형'이
어떻게 진행되는지와 종업원들의 준법의식상태 등을 구체
적으로 알아보는 것이 이들의 기본 역할이다. 각 단위들의
법무해설원들이 각종 '법해설담화자료들'과 '직관물', 카드
등을 자기 단위의 실정에 맞게 잘 준비하여 법해설선전사
업에 적극 이용하도록 도와주는 것도 이들의 임무이다.[112] 이
들은 이에 기초하여 법무해설원의 날 운영계획을 세운다.[113]
　　인민위원회들은 매월 1회 법무해설원의 날을 운영한다.[114]
법무해설원의 날은 보통 매월 첫째 주에 개최한다.[115] 법무
해설원의 날에는 '사회주의 법무생활을 강화할 데 대하여'
와 같은 김일성, 김정일의 '노작'을 학습하거나, 법무해설원
들의 실무수준을 높이기 위하여 '경험토론회' 또는 '본보기
단위들에 대한 참관 사업'을 진행한다.[116]
　　북한은 매월 첫 주 '법무해설원의 날'에 '일군'들이 담당

---

111) 『민주조선』, 2006. 2. 5. 2면.
112) 『민주조선』, 2006. 5. 19. 2면.
113) 『민주조선』, 2006. 8. 13. 2면.
114) 『민주조선』, 2006. 5. 19. 2면.
115) 『민주조선』, 2006. 8. 13. 2면.
116) 『민주조선』, 2006. 5. 19. 2면.

구역과 '아래 단위'들에 나가 '우리 당의 주체적인 법사상
과 리론', 새로 나온 국가의 법규범과 규정들을 해설해 주
는 사업, 모범적인 법무해설원들에 대한 경험소개, 견학 등
을 계획적으로 조직하여 구역의 '일군'들과 법무해설원들이
높은 책임성을 가지고 늘 움직이도록 실속 있게 이끌어 주
고 있다고 강조한다.[117]

또한 법무해설원의 날에는 그때그때 새로 나오는 법규범
과 규정, 시기에 따른 당과 국가의 정책적 문제들을 '해설침
투'하는 사업을 체계적으로 진행한다. 모범 법무해설원들의
경험을 일반하기 위한 발표회와 '방식상학'도 진행한다.[118]

'방식상학'은 본보기를 창조하고 일반화하는 교육교양방
법의 한 형식이다. 북한은 방식상학이 최고지도자의 교시와
당 정책의 수행방도를 '생동한 표상'으로 보여 주어 사업수
준을 높일 수 있게 하는 우월한 방법이라고 정의한다. 당
정책 관철에서 중요하게 제기되는 문제들을 내용으로 설정
하고 '일군'들이 한 개 단위에 내려가 본보기를 만들어 놓
고 그것을 직접 보여 주는 방법으로 진행한다. 방식상학을
끝낸 다음에는 참가자들이 서로 의견을 나누면서 거기에서
배워야 할 내용을 정확히 파악하여야 하며 좋은 경험을 일
반화하기 위한 대책을 철저히 세우도록 하고 있다.[119]

---

117) 『민주조선』, 2006. 2. 5. 2면.
118) 『민주조선』, 2006. 8. 13. 2면.

법무해설원의 날에 여러 가지 활동들이 진행되지만, 무엇보다 강조하는 것은 '위대한 수령님과 경애하는 장군님의 주체적인 법사상과 리론으로 무장'하는 사업이다. 법무해설원들의 '활동정형'을 '총화'하는 것도 이날 진행한다. 총화시에는 법무해설원들이 근로자들 속에서 법해설선전사업을 진행한 횟수와 내용, 준법교양단위들에서의 법무생활실태 등을 구체적으로 지적한다. 이를 통해 단위 법무해설원들이 실정에 맞게 준법교양을 정상적으로 하도록 지도와 통제를 강화하는 것이다. 나아가 준법교양단위들에 대한 평가사업과 반성사업을 진행하고 '모범준법단위'로 등록한다.[120]

법무해설원의 날에는 법해설선전과 관련한 '기동예술선전활동'도 다양하게 조직 진행한다. 법무해설원의 날에 '군기동예술선동대'는 해당 시기의 법해설선전과 관련한 기동예술선동활동을 벌인다. 인근 학교들과 공장, 기업소들에서 준비한 기동예술선동활동을 법무해설원들에게 보여 주기도 한다.[121]

'법무해설예술선전대'는 법무해설원의 날뿐만 아니라 평소에도 여러 협동농장들과 공장, 기업소들에 나가 '선동극', '제창이야기', '합창이야기' 등 여러 가지 '예술종목'을 통

---

119) 『조선대백과사전(10)』(평양: 백과사전출판사, 1999), pp.575 – 576.
120) 『민주조선』, 2006. 8. 13. 2면.
121) 『민주조선』, 2006. 2. 18. 2면.

해 법해설선전을 '기동적으로' 벌이고 있다.[122]

인민위원회들에서는 이를 위해 법무해설원의 날에 준법교양방향을 정확히 주고 법해설선전사업에서 실효를 높이기 위한 방도와 방법론을 알려 준다. 특히 새로 임명된 법무해설원들이 빠른 시일 안에 자기 사업을 원만히 수행할 수 있도록 '실무적 자질'을 높여 주는 사업을 벌인다.[123]

인민위원회에서 법무해설원에 대한 지원과 통제를 담당하는 부서는 법무부인데, 법무부는 '일군'들의 협의회를 통해 업무를 해 나간다. 이들은 낮에는 해당 지역들에 나가 준법실태를 '료해'하고 해당한 대책을 세우는 한편 저녁에는 '준법교양장소'를 꾸리는 등 인민위원회 내의 업무를 수행한다.[124]

인민위원회는 모범준법단위들과 주민들에 대한 '소개일반화사업'을 벌인다.[125] '위대한 수령님과 경애하는 장군님의 령도업적이 깃들어있는 단위들'이 통상적으로 준법교양의 본보기로 선택된다.[126]

법무해설원들에 대한 상급 단위의 조직적인 지도와 통제도 진행되지만, 법무해설원들이 스스로 법무해설원으로서

---

122) 『민주조선』, 2006. 3. 19. 2면.
123) 『민주조선』, 2006. 3. 28. 2면.
124) 『민주조선』, 2006. 4. 2. 2면.
125) 『민주조선』, 2006. 3. 28. 2면.
126) 『민주조선』, 2006. 7. 20. 2면.

중요성을 깨닫고 학습과 준비를 잘하도록 하는 것이 강조
되고 있다. 민주조선에 보도된 내용을 몇 가지 뽑아 보면
아래와 같다.

〈표 Ⅲ-3〉 법무해설원 스스로의 학습과 준비 현황(2006년도 『민주조선』 보도 기준)

날 짜	면	내 용
2006. 1. 31.	2	자신부터 당의 주체적인 법사상과 이론으로 무장하고 모든 법규정과 규범들에 정통하기 위해 시간을 아껴 가며 꾸준히 학습함.
2006. 3. 25.	2	꾸준한 학습을 통해 우리나라 법들을 환히 꿰고 있음.
2006. 4. 5.	2	법무해설원의 책임을 깊이 자각함. 자기부터 주체적인 법사상과 이론을 깊이 체득함. 매 시기별로 나오는 법규범과 규정들에 대한 학습을 실속 있게 함.
2006. 4. 5.	2	국가의 법과 규정들을 학습하는 것을 생활화, 습성화함.
2006. 4. 30.	2	공화국법의 적극적인 옹호자, 선전자로서의 높은 영예와 긍지를 가슴 깊이 간직함.
2006. 8. 19.	2	준법교양의 직접적 담당자라는 높은 책임감을 가짐.
2006. 8. 19.	2	사전준비를 면밀히 하는 데 선차적인 힘을 돌림. '수령님'의 교시와 '장군님'의 말씀을 깊이 학습하는 것을 제도화함.
2006. 9. 26.	2	자신부터 '로작' 학습, '수령님'의 교시와 '장군님'의 말씀, 매 시기 당과 국가의 결정과 지시를 깊이 연구하는 것을 제도화함. 모든 공민들이 알고 있어야 하는 국가의 법규범과 규정들을 매 조항별로 자자구구 따져 가며 학습함.

　　법무해설원들의 이러한 자각 위에서 상급 단위들은 법무
해설원이 자기 임무와 역할을 다할 수 있도록 사업조건을
보장하고 법무해설원들의 수준을 높여 주기 위한 사업들을
'조직'한다.127)

　　인민위원회가 법무해설원들에 대한 지원과 통제 사업을 하

---

127) 김순호(2000), p.42.

기 위해서 스스로 먼저 준비하는 것은 물론이다. '책임일군' 들부터 부원에 이르기까지 위원회 안의 일꾼들 모두가 법해 설선전사업을 진행하도록 '조직사업'을 '짜고든다'고 한다. 위원회 '일군'들이 먼저 '당의 주체적인 법사상과 리론'으로 '튼튼히 무장'하도록 하고, 월별로 준법교양을 계획화하고 그 집행을 위해 위원회 안의 모든 '일군'들을 조직 동원하는 것이다. 해당 지역을 여러 지구로 나누어 위원회 '일군'들에 게 분담시키고 그들이 맡은 단위들에 내려가기에 앞서 준비 시키는 사업에 '품'을 들이는 것도 위원회의 역할이다.[128]

인민위원회는 위원회 공간을 '법해설선전'에 적극 활용하 기도 한다. 위원회 청사의 사무실들과 복도의 벽면들에 사 회주의로동법과 교육법을 비롯한 여러 가지 '법원문'들을 '직관적으로' 비치한다. 이것들은 위원회로 찾아오는 많은 사람들에게 '말없는 준법교양자 노릇'을 한다고 한다. 자기 지역의 모든 준법교양단위들도 공간을 적극 활용하도록 일 반화하는 사업도 벌인다. '단위 건물들의 해당한 벽면들'에 '준법교양판'들을 실정에 맞게 만들어 비치하도록 하고, 준 법교양단위들에 내려가 '준법교양판'들을 어떤 형식으로 비 치하겠는가 하는 문제를 놓고 해당 '일군'들과 구체적으로 토론하고 가장 합리적인 방법들을 찾아내기도 한다. 자재보 장사업을 도와주는 것은 물론이다.[129]

---

128) 『민주조선』, 2006. 9. 2. 2면.

 언론을 통한 법교육

북한에서는 언론을 통한 법교육이 광범위하게 이루어지고 있다. 2006년 한 해 동안 『민주조선』에 실린 법 관련 기사는 142건이나 된다.

언론에 보도되는 것이 얼마나 법교육 효과가 있겠는가 하는 의문이 들 수 있을 것이다. 그렇지만, 북한에서 보통 하루 첫 일과로 시작되는 '독보'를 감안하면 언론을 통한 법교육은 무척 효과가 크다고 보는 것이 타당하다.

대학생의 경우 7시 50분이면 하루 첫 일과인 독보가 시작된다. 독보는 사로청위원장이나 '세포비서'가 집행하며 지각하는 경우 문제가 된다. 독보 내용은 주요 사설이나 당 정책과 관련된 내용, 투사들의 회상 실기이다.[130] 신문을 통한 독보는 북한에서 일상적인 활동이다.

북한에서 신문에 실리는 법 관련 기사의 절대적인 분량이 많다. 그리고 북한에서는 독보를 통해 개인들이 신문에 실리는 정보를 개별적 선택적으로 흡수하고 버리지 않는다. 이러한 점을 고려하면, 북한에서 신문에 실리는 법 관련 기사는 법교육에서 큰 역할을 하고 있다고 보는 것이 적절하다.

---

129) 『민주조선』, 2006. 12. 2. 2면.
130) 한만길 엮음, 『북한에서는 어떻게 교육할까』(서울: 우리교육, 1999), p.159.

언론의 법교육 관련 기사는 여러 종류가 있다. 법무해설원의 활동을 소개하는 기사, 각급 인민위원회가 '준법기풍 확립'을 위해 노력하는 기사, 법규범과 규정의 내용을 직접 해설하는 '법규해설', 준법과 법이론을 이론적으로 교양하는 개인논설을 비롯한 주장 글이 대표적이다. 시기에 따라 법무 캠페인성 기사가 보도되기도 하며, 주요한 법령이 채택된 기념일 즈음에는 이를 조명하는 대대적인 보도가 이루어진다. 법무활동에서 모범이 되는 개인과 집단의 사례도 수시로 게재된다. 법적 논거에 따라 국가의 주장을 개진하는 기사도 있으며, 기타 단상이나 입법 소식, 행사 보도를 통해서도 법교육을 실시하고 있다.

〈표 Ⅲ-4〉북한 언론에 한 해 동안 보도되는 법 관련 기사 현황(2006년도 『민주조선』 보도 기준)

구 분	건수(건)	비율(%)
법무해설원	21	14.8
인민위원회의 준법기풍확립	21	14.8
법이론 교양	13	9.2
법규 해설	16	11.3
모범사례 - 개인	4	2.8
모범사례 - 집단	13	9.2
법령발포기념기사	30	21.1
법적 주장	8	5.6
입법소식	3	2.1
캠페인성 기사	11	7.7
기 타	2	1.4
계	142	100

1. 법무해설원 활동 기사

법무해설원의 활동을 소개하는 기사는 월평균 약 2회 정도 게재되고 있다. 대체로 작은 제목 테두리 안에 '법무해설원'이라고 표기하고 두 명의 활동을 소개하는 것이 기본이다. 제목 테두리 없이 법무해설원의 활동을 소개하는 기사도 물론 있다.

법무해설원들의 활동을 소개하는 기사의 내용은 대동소이하다. 해당 법무해설원의 소속과 이름이 소개되며 구체적으로 어떤 성과를 거두었는지를 적시한다. 공장, 농장 등에서 성과가 좋은 곳에서 법무해설원들의 노력이 있었고, 구체적으로 어떻게 활동하였는가를 언급한다.

특기할 만한 것은 법무해설원 활동의 소개가 르포 형식으로 되어 있지 않다는 점이다.

제목을 살펴보면 잘 알 수 있지만, 소속과 이름만 다를 뿐 법무해설원들의 활동 기사는 유사한 내용이 많다. '실정과 결부'하여 진행한다는 제목이 4번 나오며 '실효' 있게, '실속' 있게 진행한다는 제목은 각각 2번씩 나온다. '기술혁신'과 결부하였다, '책임성' 있게 진행하였다, '혁명과업' 수행과 결부하였다는 제목은 각각 3번씩 나온다. '생동한 자료'를 이용하였다, '실천활동'과 결부하였다는 제목도 각각 2번씩 나오고 있다.

〈표 Ⅲ-5〉 법무해설원 활동 소개 기사 현황(2006년도 『민주조선』 보도 기준)

월	일	면	제 목
1	31	2	[법무해설원] 목적지향성 있게 / 생동한 자료를 가지고
3	25	2	[법무해설원] 기술혁신에 모를 박고 / 책임성을 발휘하여
4	5	2	[법무해설원] 혁명과업수행과 결부하여 / 높은 책임감을 간직하고
4	19	2	[법무해설원] 과녁을 바로 정하고 진공적으로
4	30	2	[법무해설원] 혁명과업수행과 결부하여 / 한번을 해도 실효가 있게
5	10	2	실물을 놓고 진행한 법해설선전사업
5	24	2	[법무해설원] 기술혁신과 결부하여 / 준법교양으로 20여t의 석탄을
7	16	2	[법무해설원] 구체적인 실정과 결부하여
7	16	2	준법교양을 실속있게 하고 있다. -홍원역에서-
8	19	2	[법무해설원] 계기와 공정을 옳게 리용하여 / 실천활동에서 은이 나게
9	3	2	준법의식의 높이는 곧 실적의 높이
9	15	2	구체적인 실정에 맞게
9	16	2	법해설을 실정에 맞게
9	26	2	[법무해설원] 사전준비를 빈틈없이 / 구체적인 실정과 결부하여
10	26	2	[법무해설원] 생동한 사실자료를 가지고
10	28	2	[법무해설원]생활화, 습성화하도록 / 높은 책임감을 안고
11	12	2	[법무해설원] 실천에서 은이 나게 / 혁명과업수행과 결부하여
11	22	2	[법무해설원] 기술혁신에 적극 지향시켜 / 준법의식을 높여주어
11	25	2	다양한 형식과 방법으로
12	8	2	[법무해설원] 당정책관철에 모를 박고 / 준법교양을 실속있게
12	9	2	실효를 거둘 때까지 근기있게

2. 인민위원회의 준법기풍 확립 기사

북한에서 인민위원회는 사회주의 법무생활의 기본 단위이다.

이에 따라 신문에서도 인민위원회의 준법기풍 확립 관련 기사를 많이 싣고 있다. 인민위원회는 앞에서 이미 살펴본 것처럼 각급 단위의 법무해설원들을 지원하고 통제하는 단위이다.

2006년 한 해 동안 21곳의 인민위원회 사례가 소개되었다. 기사의 내용은 대동소이하다. 법무해설원과 사업을 잘 '짜고들고' 있다는 점, 법무해설원의 날을 '실속있게 운영' 한다는 점, 모범 전파를 위해 노력하고 있다는 점 등이 주요 내용이다.

〈표 Ⅲ-6〉 인민위원회의 준법기풍 확립 관련 기사 현황(2006년도 『민주조선』 보도 기준)

월	일	면	제 목
1	18	2	혁명적 준법기풍 확립에 큰 힘을 - 봉산군 인민위원회에서
2	5	2	준법교양체계를 옳게 움직여 - 함흥시 인민위원회에서
2	18	2	혁명적 준법기풍을 확립하여 - 경성군 인민위원회에서/온천군 인민위원회에서
3	19	2	준법교양을 여러가지 형식과 방법으로 - 배천군 인민위원회에서
3	28	2	준법교양체계를 바로 세워 - 문천시 인민위원회에서
4	2	2	90분을 대신한 3분 - 송림시 인민위원회 법무부 일군들의 사업에서
5	19	2	법무해설원들과의 사업을 실속있게 - 신계군 인민위원회에서

월	일	면	제 목
6	11	2	준법교양을 여러가지 형식과 방법으로 - 황주군 인민위원회에서
7	18	2	법무해설원들의 역할을 높여 - 철산군 인민위원회에서
7	20	2	준법기풍확립에서 중시한 문제 - 평천구역 인민위원회 법무부 일군들의 사업에서
8	13	2	법무해설원들과의 사업을 짜고들어 - 모란봉구역 인민위원회에서
9	2	2	위원회적인 사업으로 - 문덕군 인민위원회에서
9	2	2	준법교양을 여러가지 형식과 방법으로! - 정주시 인민위원회에서 -
9	19	2	준법교양에 계속 큰 힘을 - 옹진군 인민위원회에서
10	19	2	법무해설원들의 역할을 높여 - 온천군 인민위원회에서
10	31	2	법무해설원들과의 사업을 방법론 있게 - 서성구역 인민위원회 일군들의 사업에서
11	25	2	로동행정규률을 강화하기 위한 조직사업을 짜고들고 있다. - 함흥시 인민위원회 법무부에서 -
12	12	2	실효가 큰 벽직관을 통한 준법교양
12	21	2	혁명적 준법기풍이 차넘치게 - 황주군 인민위원회에서/강서군 인민위원회에서
12	27	3	가장 우월한 우리나라 사회주의 헌법을 깊이 새기도록 - 보통강구역 인민위원회에서 -

3. 입법소식과 법규해설

북한은 입법의 건수가 그리 많지는 않지만, 법이 채택되면 바로 언론에 그 내용을 해설하고 있다. 2006년의 경우 『민주조선』에 소개된 입법 소식은 모두 세 건이다. 유색금속법, 주물품협동생산법, 도로교통법시행규정이 그것이다. 법이 채택되었다는 기사가 실리고 며칠 지나지 않아 법규범과 규정의 주요 내용을 해설하는 '법규해설'을 여러 회에 걸쳐 게재하고 있다.

도로교통법시행규정의 경우 12월 15일 채택 사실이 보도되었고, 12월 16일과 12월 19일 각각 법규해설이 실렸다. 주물품협동생산법은 9월 16일 채택 사실이 보도되었고, 9월 27일 법규해설이 실렸다. 유색금속법은 9월 12일에 채택 사실이 보도되었고, 9월 15일부터 이틀 간격으로 세 차례에 걸쳐 법규해설이 실렸다.

세 가지 입법 소식 모두 법규범과 규정의 채택일이 미상이다. 관련 기사는 규정을 채택한 날짜를 명시하지 않고 '최근'에 채택하였다고만 언급하고 있다.[131] 법규 해설의 내용을 보아도 법규범과 규정이 언제 채택되어 언제부터 효력이 발생하는지에 대한 내용을 찾아볼 수가 없다.

법규범을 채택한 사실을 보도하는 기사의 틀은 대동소이하다. 테두리를 치는 경우가 많으며, 채택 사실의 언급에서 시작한다. 법규범이 관련 분야의 튼튼한 '법적 담보'가 된다는 점, 법이 갖고 있는 사명을 언급한 후, 관련 분야에서 지켜야 할 원칙적 문제가 엄격히 규제되어 있다는 점, 관련 분야에서 법규범이 중요한 '조직동원적작용'을 하게 된다는 점을 적시한다. 관련 분야에서 '일군'들과 근로자들이 법을 잘 지킬 것을 강조하는 결론으로 마무리한다.

---

131) 『민주조선』, 2006. 9. 12. 2면, 2006. 9. 16. 1면, 2006. 12. 15. 1면.

법규해설은 법규범과 규정의 내용을 간략히 요약하고 있다. 법규범 채택 사실이 보도되지 않고 법규해설만 게재되기도 한다. 2006년의 경우 환경영향평가법과 축산법이 그 예이다.

〈표 Ⅲ-7〉 입법소식 기사 현황(2006년도 『민주조선』 보도 기준)

월	일	면	제 목
9	12	2	조선민주주의인민공화국 유색금속법이 채택되었다
9	16	1	조선민주주의인민공화국 주물품협동생산법이 채택되었다
12	15	1	도로교통법시행규정에 관한 내각결정이 채택되었다.

〈표 Ⅲ-8〉 법규해설 기사 현황(2006년도 『민주조선』 보도 기준)

월	일	면	제 목
2	2	2	법규해설 환경영향평가법에 대하여(1)
2	7	2	법규해설 환경영향평가법에 대하여(2)
2	10	2	법규해설 환경영향평가법에 대하여(3)
5	9	2	법규해설 축산법에 대하여(1)
5	13	2	법규해설 축산법에 대하여(2)
5	16	2	법규해설 축산법에 대하여(3)
5	23	2	법규해설 축산법에 대하여(4)
9	15	2	유색금속법에 대하여(1)
9	17	2	유색금속법에 대하여(2)
9	19	2	유색금속법에 대하여(3)
9	27	2	주물품협동생산법에 대하여
10	20	2	로동보호사업규정에 대하여(1)
10	22	2	로동보호사업규정에 대하여(2)
10	24	2	로동보호사업규정에 대하여(3)
12	16	2	도로교통법시행규정에 대하여(1)
12	19	2	도로교통법시행규정에 대하여(2)

4. 법적 주장

법적 주장은 법적인 논거를 통해 북한이 법률가 및 법학자 단체명의, 개인명의 또는 익명으로 자신들의 주장을 공표하는 기사이다. 2006년에는 총 8건이 게재되었다. 법적 주장은 단체들이 발표하는 주장을 원문 그대로 게재하는 것이 기본이다.

북한의 신문에 보도되는 여러 법적 주장을 통해 북한에도 법률가 및 법학자 단체가 있다는 것을 확인할 수 있다. 미국의 인권 현실을 비판한 '사회과학원 법률연구소(2006년 2월 21일)',[132] 독도 관련 주장을 게재한 '조선법률가위원회(2006년 4월 19일)', 레바논에 대한 이스라엘의 무력침공을 비판한 '조선인권연구협회(2006년 8월 18일)', 일제의 법령을 비판한 '조선민주법률가협회(2006년 12월 12일)'가 그것이다.

내용은 다양하다. 스스로의 주장에 대한 법적 정당화도 있고, 남측의 조약에 대한 비판도 있다. 국제문제에 대한 논평도 있는데, 국제법적인 논거들을 원용하고 있는 것이 특징이다. 과거 일제의 식민지 법률제도에 대한 비판도 등장한다.

---

132) 동국대학교 북한학연구소의 연구에 따르면, 사회과학원 산하 법 관련 연구소의 명칭은 '법률연구소'가 아니라 '법학연구소'이다. 강성윤, 「남북한 학문분류체계의 비교」, 동국대학교 북한학연구소, 『한국학술진흥재단 기초학문 육성지원사업 제2차 학술회의 분단 60년, 북한의 학문세계 – 남북한 비교와 현실정합성』 (서울: 동국대학교 북한학연구소, 2007), pp.5 – 6.

2월 21일 보도된 사회과학원 법률연구소의 고소장은 세계인권선언(1948) 제23, 25조, 경제사회및문화적권리에관한 국제협약(1966) 제11, 12조를 논거로 하여 미국이 자국 내 인민들의 생존권을 국가적 시책으로 보장할 것을 의무화한 국제인권규범들을 '란폭하게' 위반하고 있다고 주장한다.

〈표 Ⅲ-9〉 법적 주장 관련 기사 현황(2006년도 『민주조선』 보도 기준)

월	일	면	제 목
2	21	5	미국은 국제인권규범을 란폭하게 위반하는 범죄국가 - 조선민주주의인민공화국 사회과학원 법률연구소 고소장
4	19	4	독도는 신성불가침한 조선의 령토이다. - 조선법률가위원회 백서
5	10	4	인권유린범죄의 원흉 - 미국
7	11	5	≪행정협정≫은 민족의 존엄을 해치는 현대판 노예문서
8	18	6	조선인권연구협회 대변인 담화
11	11	4	백년숙적 일제의 죄악을 고발한다. - 악명높은 ≪토지조사령≫에 깃든 강도의 본색
12	12	5	조선민주법률가협회 대변인 담화
12	26	6	나라의 자주적 권리를 행사하기 위한 강경한 립장

5. 법이론 교양

법이론 교양은 '주체의 법리론'을 비롯한 북한의 법인식을 논설 또는 사설의 형태로 신문에 게재하는 것이다. 저자가 명시되어 있는 경우가 많은데, 2006년의 경우 김정호가 모두 5편의 법이론 관련 내용을 게재하였다.

신문에 게재되는 법이론 교양 글은 주체의 법이론을 비롯한 단행본이나 법 관련 논문들, 또는 최고지도자의 교시와 논리 전개와 표현에서 거의 차이를 발견하기 힘들다.

〈표 III-10〉 법이론 교양 기사(2006년도 『민주조선』 보도 기준)

월	일	면	제 목	저자
3	16	2	인민의 충복으로 살며 일하는 것은 일군의 본분	김정호
3	19	3	공민의 의무	
5	11	2	준법교양을 강화하는 것은 혁명적 준법기풍확립의 중요요구	허오범
7	4	1	온 사회에 혁명적 준법기풍을 너욱 철저히 세우지	사설
7	22	2	온 나라에 혁명적인 로동생활기풍이 차넘치게 로동사업을 짜고들자	
8	4	2	우리 공화국의 영원한 주석으로	
8	12	2	혁명적 로동생활기풍	김정호
8	17	2	국가의 법을 자각적으로 지키는 것은 공민의 의무	김정호
8	29	2	사회주의 도덕관	김정호
11	19	2	례의도덕확립의 중요방도	김정호
11	28	2	높은 공민적 의무감과 강성대국 건설	지명철
12	5	2	공민적 자각	황철우
12	27	1	김일성헌법을 철저히 구현하여 우리식 사회주의의 위력을 힘있게 떨치자	사설

6. 주요 법령 발포 기념 기사

주요 법령 발포 기념 기사는 역사적으로 주요한 법령의 채택일에 맞춰 신문에 대대적으로 관련 기사를 집중 편집하는 것이다. 2006년의 경우 민주조선은 토지개혁법령 발포 60주년, 로동법령 발포 60주년, 남녀평등권법령 발포 60주년을 기념하는 기사를 각각 1~3면에 걸쳐 게재하였다.

'중앙보고회'가 진행되었다는 사실이 1면에 보도되고 1~2면에 걸쳐 사설과 관련 국가기관의 활동 및 관련자들의 회고 등 여러 면에서 법령발포를 조명하는 기사를 게재한다. 3면에는 중앙보고회의 보고문 원문을 게재한다.

〈표 Ⅲ-11〉 토지개혁법령 발포 기념 기사 현황(2006년도 『민주조선』 보도 기준)

월	일	면	제 목
3	2	3	토지개혁법령발포 60돐 기념우표 발행
3	5	1	사설 - 토지는 강성대국 건설의 밑천이다
3	5	1	력사적인 토지개혁법령발포 60돐 기념 중앙보고회 진행
3	5	1	귀중한 토지를 잘 관리하도록 - 농업성에서
3	5	2	어버이 수령님 찾아주신 이 땅에 천지개벽의 새 력사가 흐른다 / 토지개혁법령발포 60돐을 맞으며 / 땅이여, 위인들의 불멸의 업적 길이 전하라
3	5	2	강원땅의 희한한 전변
3	5	2	농민들을 땅의 주인으로 내세워주신 위대한 수령님의 불멸의 업적을 가슴깊이 새기고 있는 참관자들 - 조선혁명박물관에서 -
3	5	2	서해곡창벌의 새 노래
3	5	2	알곡증산으로 보답할 일념안고
3	5	2	장군님 계시기에 영원한 주인입니다
3	5	2	애국의 마음을 바쳐 - 안주시 송학협동농장에서
3	5	2	선군8경 - 한드레벌의 지평선
3	5	3	위대한 당의 선군혁명령도따라 사회주의농촌건설위업을 힘있게 다그쳐나가자 - 중앙보고회에서 한 조선로동당 중앙위원회 정치국 후보위원이며 최고인민회의 상임위원회 부위원장인 양형섭 동지의 기념보고

〈표 Ⅲ-12〉 로동법령 발포 기념 기사 현황(2006년도 『민주조선』 보도 기준)

월	일	면	제 목
6	24	1	력사적인 로동법령발포 60돐 기념 중앙보고회 진행
6	24	1	근로대중의 참다운 로동생활을 꽃펴준 인민적 시책들 - 로동법령발포 후 지난 60년간 수많은 로동정책과 법령 실시
6	24	2	자주적이며 창조적인 로동생활을 보장해주는 우리나라 사회주의 제도 - 력사적인 로동법령발포 60돐을 맞으며 - 위인의 품속에서 나라의 주인으로
6	24	2	우리 인민에게 참다운 로동생활을 마련해주신 어버이수령님의 불멸의 업적을 가슴뜨겁게 돌이켜본다 - 조선혁명박물관에서 -
6	24	2	은혜로운 품속에서 누리는 로동의 참된 권리
6	24	2	수기 - 위대한 어버이 그 사랑 속에
6	24	2	방문기 - 로동 속에 꽃펴나는 행복의 노래소리 - 평양곡산공장을 찾아서
6	24	3	우리식 사회주의로동제도의 우월성과 생활력을 높이 발양시켜 강성대국건설을 힘있게 다그쳐나가자 - 중앙보고회에서 한 조선로동당 중앙위원회 후보위원이며 최고인민회의 상임위원회 부위원장인 양협성 동지의 기념보고
6	24	3	수필 - 사랑의 규정

〈표 Ⅲ-13〉 남녀평등권법령 발포 기념 기사 현황(2006년도 『민주조선』 보도 기준)

월	일	면	제 목
7	30	1	사설 - 선군시대 조선녀성의 혁명적 기개를 더 높이 떨치자
7	30	1	남녀평등권법령발포 60돐 기념 중앙보고회 진행
7	30	2	위대한 태양의 미소속에 꽃핀 보람찬 삶
7	30	2	녀성들의 첫 노래
7	30	2	수령님의 그 사랑 못잊습니다
7	30	2	선군혁명의 첫 기슭에서 하신 어머님의 당부
7	30	3	위대한 김정일 동지의 선군령도 따라 혁명의 한쪽수레바퀴를 힘있게 떠밀어나가자 - 중앙보고회에서 한 박순희 조선민주녀성동맹 중앙위원회 위원장의 기념보고
7	30	3	수필 - 어머니의 행복

7. 법무 캠페인성 기사

법무 캠페인성 기사는 '국가사회재산애호월간' 등 특정한 시기에 법적 요구를 내세워 계도성 내용을 내보내는 것이다. 본문 없이 구호만 지면 한편에 배치하는 경우도 있다. 캠페인성 기사의 경우 노동시간 준수와 관련된 내용이 많다.

〈표 Ⅲ-14〉 법무 캠페인성 기사 현황(2006년도 『민주조선』 보도 기준)

월	일	면	제 목	비고
7	29	1	시적인 사업으로 틀어쥐고 – 희천시 인민위원회에서	
7	29	1	선전 및 장악지도사업을 심화시켜 – 로동성에서	
7	29	1	로력일평가를 옳게 하도록 – 중화군 협동농장경영위원회에서	
7	29	1	온 나라에 혁명적인 로동생활기풍이 차넘치게	구호
8	2	1	선군조선의 공민된 자각안고 혁명적으로 살며 일해나가자	구호
8	2	1	≪국가사회재산애호월간≫ 사업을 실속있게 하자	
8	13	2	8,9월 국가사회재산애호월간사업을 실속있게	구호
9	28	3	온 사회에 혁명적 로동생활기풍이 차넘치게	
9	28	3	로동행정사업개선에 큰 힘을 넣어 – 국가과학원 철도과학분원에서	
9	28	3	로동시간을 철저히 지키도록	
9	28	3	480분 로동시간을 효과적으로 리용하여 – 대동강구역 인민병원에서	

8. 개인 및 집단의 법무 모범사례

모범사례는 개인과 집단에서 준법과 '규률' 및 공민 노릇에서 본보기가 된 사례를 발굴하여 구체적으로 그 내용을 소개하는 것이다.

2006년의 경우 개인은 고금복, 김춘실, 김창련, 조병희 4인이 소개되었다. 단체는 농장 2곳(동림군 풍천협동농장, 은파군 신촌협동농장), 공장 2곳(평양악기공장, 신의주 화장품공장), 인민위원회 2곳(박천군 인민위원회, 평양시 인민위원회), 역 4곳(서흥역, 남포역, 희천 청년역, 강계역)과 송화군 일용수매상점, 철산군 선주리의 사례가 보도되었다.

기자가 발굴한 사례들을 게재하는 경우가 많다. 개인의 경우 '공민적 자각'이 높다거나 '공민적 의무'를 다하고 있다는 내용으로 미화하여 게재한다. 단체의 경우 '규률'과 준법교양의 모범 사례를 게재한다.

〈표 Ⅲ-15〉 개인의 법무 모범사례 기사 현황(2006년도 『민주조선』 보도 기준)

월	일	면	제 목
3	12	3	공민적 본분을 다하여 - 연산군 읍 제46인민반에 사는 고금복 동무와 그 가정
3	24	3	공민적 자각을 안고 - 피현위생자기공장 로동자 김춘실 동무
8	11	5	깨끗한 공민적 량심을 지니고 - 희천시 고치생산사업소 김창련 동무
12	22	3	선군시대 공민의 본분을 지켜 - 평안남도 3예방원 의사 조병희 동무

<표 Ⅲ-16> 집단의 법무 모범사례 기사 현황(2006년도 『민주조선』 보도 기준)

월	일	면	제 목
1	18	2	사회주의로동법해설선전사업을 실속있게 진행하고 있다. - 평양어린이 옷공장에서 -
2	19	2	준법교양을 실정에 맞게
2	23	2	준법교양에 힘을 넣어
5	13	2	인민들에게 보다 편리한 주택조건을 - 인민들과 한 약속은 곧 법 - 박천군 인민위원회 일군들의 사업에서
5	30	3	강한 규률과 질서를 - 서흥역에서
7	22	2	480분 로동시간을 효과적으로 - 신의주 화장품 공장에서
8	3	1	강한 규률과 질서를 확립하여 - 남포역에서
8	19	1	혁명적 로동생활기풍이 차넘치도록 - 평양시 인민위원회에서
8	20	1	강한 규률과 질서를 세워 - 희천 청년역에서
9	28	2	국가사회재산애호관리를 착실히 - 철산군 선주협동농장에서 / 은파군 신촌협동농장에서
9	28	2	국가사회재산애호관리에 대한 공민적 자각을 높여주고 있다. - 평양악기공장에서 -
11	18	3	강한 규률과 질서를 세워 - 강계역에서
12	16	2	준법교양에 힘을 넣어 - 철산군 선주리에서

9. 기 타

기타 법 관련 기사로는 준법교양을 위한 '예술선동경연' 이 진행되었다는 내용과 '사랑의 법'이라는 제목으로 단상 이 실렸다.

⟨표 Ⅲ-17⟩ 기타 법교육 관련 기사 현황(2006년도 『민주조선』 보도 기준)

월	일	면	제 목
11	15	2	준법교양을 위한 예술선동경연 진행
12	27	3	단상 - 사랑의 법

제3절 법조인을 통한 법교육

북한에서 법조인들이 국가공동체의 일반구성원들을 대상으로 서구 사회와 같은 법교육을 하고 있는 사례는 보고되지 않고 있다. 물론 최고지도자의 교시와 법이론에서는 법률가들에게 '준법교양'을 하도록 강조하고 있다. 북한에서 법조인들이 어떻게 법교육에 참여하고 있는가를 해명하는 것은 차후에 규명해야 할 과제라고 하겠다.

그러나 현재 확보된 자료를 통해서도 법률가들의 활동 자체가 법교육 측면이 있는 점을 확인할 수 있다. 백남룡의 소설 『벗』133)에는 판사 정진우의 말과 행동을 통해 북한 법조인들의 법교육 역할이 잘 나타나 있다.

---

133) 판사 정진우가 채순희와 리석춘의 이혼사건을 판사라기보다는 인민의 '벗'으로서 해결해 가는 과정을 그린 소설이다.

"판사 동지는 제 말을 믿지 못하겠다는 겁니까?"

"법정은 한 사람의 호소에 대한 일방적인 믿음에 기초하는 것이 아니라 사실의 객관성과 공정성을 기초로 해서 론거를 세우게 됩니다."

정진우는 신중히 그루를 박았다.[134]

"순희 동무. 그럼 진정하고 돌아가서 기다리오. 그 동안이라도 남편과 아들을 잘 돌보오. 리혼할 때는 리혼해도 도덕은 도덕이니까."[135]

채순희는 재판소에 이혼을 제기한 사람이다. 자신의 말을 믿어 달라는 순희에게 정진우 판사는 법정이 논거를 세우는 원칙과 법과 도덕의 구분에 대해서 강하게 언급한다. 판사의 이러한 모습은 상대방인 리석춘에게도 마찬가지이며, 이혼재판에 영향력을 행사하려고 하는 채림[136]에게도 마찬가지이다.

"판사 동무. 사람이 다 리혼할 걸 주장하니 그런 경우에 해결은 간단하지 않습니까?"

정진우는 채림을 불만스레 일별하고 신중히 말했다.

"순희네 가정문제는 좀 더 파보아야 하겠습니다."

"아니, 판사 동무 두 사람을 다 만나보았는데… 골머리 앓을 것 있습니까. 시원히 갈라지도록 어서 재판을 합시다."

"위원장 동무는 오해하지 마시오. 우리 인민재판소는 문건이나 보고 당자들의 말이나 듣고 리혼문제를 경솔히 다루지 않습니다."

"법률의 공정성을 내가 왜 모르겠소."

"나는 판결에서의 공정성을 말하는 게 아니라 그보다 앞서 제기되는 리혼문제의 중요성을 말합니다. 위원장 동무도 알겠지만… 처

---

134) 백남룡, 『벗』(서울: 살림터, 1993), p.21.

135) 백남룡(1993), p.22.

136) 채순희와 6촌간이며 도 공업기술위원회 위원장이다.

녀 총각이 사랑하고 결혼하는 건 자유입니다. 그러나 가정을 이룰 때에는 법기관에 등록해야 합니다. 가정의 형성은 법이 보증합니다. 그것은 가정이 국가의 개별적 생활단위이기 때문입니다. 이 국가의 단위가 파괴되는 일을 간단히 볼 수 있겠습니까… 리혼문제는 부부 관계를 끊어버리는가, 그대로 두는가 하는 사사로운 문제이거나 행정실무적 문제가 아닙니다. 사회의 세포인 가정의 운명과 나아가서 사회라는 대가정의 공고성과 관련되는 사회정치적 문제입니다. 때문에 우리 재판소는 리혼문제를 신중히 다루는 겁니다.”

“판사 동무. 난 우리 법전의 우월성을 잘 알고 있습니다.”

채림은 불쾌한 듯 앞상을 짚고 일어나 턱을 쳐들고 넥타이를 조여맸다.

정진우는 몸을 일으켰다.

“해설사업을 한 것 같아서 미안합니다. 나삐 생각지 말아 주십시오. 난 위원장 동무가 도의 한 기관을 맡은 일군이기에… 순희네 리혼문제를 어느 개인의 협소한 립장에서 보지 말았으면 해서 말한 겁니다.”137)

정진우가 스스로 (법)해설사업을 한 것 같아 미안하다고 말하고 있듯이 북한에서 법조인은 사건의 관련 당사자들에게 적극적인 법해설선전사업을 하는 것이 기본 임무인 것을 알 수 있다.

이혼재판 제기 때문에 순희를 직장(도 예술단)에서 내보낼 것을 검토하고 있다는 예술 부단장에게도 판사는 ‘사생활에서 결함과 가수로서의 재능은 별개의 문제’이며, ‘가정 불화가 있다 해서 녀성에게 그런 정신적이고 인격적인 처벌을 줄 수는 없’다는 점, ‘재능이 피어나는 길을 막는 것

---

137) 백남룡(1993), pp.124 - 126.

은 우리 법이 허용하지 않'는다는 점 등[138]을 강하게 설파한다. 결국 예술 부단장은 순희에게 다시 공연에 참여할 기회를 주며 판사의 의견을 적극 수용한다.

소설은 판사가 이혼재판을 처리하는 과정에서 도 공업기술위원회 책임자인 채림이 창안품들에 대한 평가사업을 '비법적으로' 진행한 점을 발견하는 방향으로 흘러간다. 판사는 채림을 불러 '긴 시간에 걸쳐 채림이 자기 비법행위의 국가적, 사회적 엄중성과 손실을 뼈아프게 절감하도록 법적 론거를 세워 준절히 일깨워'[139] 준다.

> 국가는 창안자의 노력을 그렇게 평가하지 않는다. 도 공업기술위원회… 어데든 중간에서 그 노력의 보상을 횡취했든가, 떼여내서 다른 데 썼다면… 그것은 공민의 노력의 열매를 침해하는 비법행위다. 어느 개인이 먹었으면 사기범죄행위일 것이다. 그런 행위는 나아가서 기술발전과 관련된 사회관계를 침해한다.[140]

이외에도 소설에는 판사가 관련 당사자들에게 적극적으로 법교육을 하는 장면이 많이 나온다. 소설 속에서 판사는 분쟁 당사자들과 관련자들의 잘못된 법인식을 교정하는 것을 목표로 하고 있다.

소설에 나타난 법률가의 법교육 활동이 현실에서도 과연

138) 백남룡(1993), p.159.
139) 백남룡(1993), p.193.
140) 백남룡(1993), p.140.

그러할 것인가 하는 의문이 당연히 생길 수 있다. 문학평론가 김형수 또한 소설이 그리고 있는 정진우 판사의 모습은 '인민대중의 새로운 '벗'으로서 창조된' 것으로 보고 있다.[141]

그러나 북한의 법률가가 스스로 자신의 활동에 대하여 언급한 글을 보면 소설의 내용을 단지 허구로 이해하는 것은 타당하지 않다는 점을 확인할 수 있다.

> 지난 시기 본 변호사회에서는 이혼에 대한 상담 의뢰자가 적지 않았는바 그들에게 우리의 사회주의 제도하에 있어서 가정의 공고화, 자녀들에 대한 공산주의 교양이 가지는 의의 등 설득력 있게 해설함으로써 그들로 하여금 호상 이해하고 무용한 소송을 제기하지 않도록 하는 데 노력하였다. ……
> 원고는 진정으로 이혼을 요구하여서가 아니고 남편이 근무하는 생산 협동조합의 채무를 변상하는 데 자기 집을 내놓게 되어 이를 모면할 방도로 이혼소송을 제기하려는 것이었다.
> 이와 같은 간계를 간파한 나는 그에게 그런 수단을 쓸 것이 아니고 생산 협동조합에 끼친 손해를 변상하고 노동에 열성적으로 참가하여 다시 재산을 축적하도록 설복하여 납득시켰다.[142]

소설과 인용글이 약 20년 이상의 시간 간격은 있지만, 소설이 지향하고 있는 법률가의 모습과 실제 북한 법률가들의 활동이 일맥상통하고 있음을 확인할 수 있다.

소설을 통해 우리는 북한 법률가의 법교육이 직접 면담

---

141) 김형수, 「소설 『벗』에 대하여」, 백남룡(1993), p.275.
142) 박만년, 「나는 법률상담을 이렇게 한다」, 강구진, 『북한법의 연구』(서울: 박영사, 1975), pp.163－164.

을 통한 활동으로 그치지 않는다는 것을 알 수 있다.

북한에서는 법률가가 단순히 법적 판단을 내리고 당사자와 관련자를 교양하는 것으로 끝나는 것이 아니다. 나아가 당사자와 관련자의 교양을 위해 여러 기관들과 협조하는 메커니즘을 구축하고 있다. 현재로선 법규범과 규정의 내용까지는 확인하기 힘들지만, 제도화되어 있는 것만은 분명히 확인할 수 있다.

주요 재판은 재판소에서 적극적으로 방청 참가를 '포치'하여 법교육 효과를 높이고 있다. 소설에서 언급되는 사례는 '전력을 아껴쓰는 국가를 속이고 전기담요까지 고안해내여 오랫동안 사용한 시 송배전부의 지도원이 피소자로 기소'된 '범죄건'이다. 재판소는 '변상도 뜨끔해하지 않으면서 전기 랑비현상을 단순한 과실적 과오로 적당히 어물거려 넘기려는 시내기관, 기업소, 공장들에서 일군들과 당사자들을 방청으로 참가시키기로' 한다.[144]

---

143) 백남룡(1993), p.144.
144) 백남룡(1993), p.113.

오전 열한 시경에 피소자인 시 송배전부 지도원에 대한 재판이 끝
났다. 방청석을 메웠던 사람들이 법정문을 쏟아져 나왔다. 재판소 복
도의 널마루가 움씰거렸다. 용서와 인정, 타협을 모르는 법률 … 사
건심리, 법적 추궁, 랭혹한 판결에서 두려움과 공포에 가까운 자극,
량심가책을 받은 방청인들은 벌게진 얼굴로 복도를 걸어갔다.145)

현재까지 북한의 문헌을 통해 실제 북한의 법조인들의
활동상을 모두 확인하기는 힘들다. 그렇지만 한 가지 확실
한 것은 법률가의 역할이 서구 사회 일반의 그것과는 분명
히 다르며 법교육을 광범위하게 수행하고 있다는 점이다.
북한의 법률가들은 재판을 신행힐 때 사건 당사자의 잘못
된 인식을 개조하는 것을 주목적으로 하고 있다.

제4절 공교육을 통한 규범교육

　북한의 유치원과 각급 학교에서 직접 법을 교과목으로
교육하는 사례는 거의 알려져 있지 않다. 1956년 고등중학
교 교과목에 '헌법'이 독립 교과목으로 존재한 적이 있었지
만, 1968년 이후, '현행 당정책 특강', '위대한 수령 김일성
원수님 혁명활동', '공산주의 도덕' 등 다른 교과목으로 흡

---

145) 백남룡(1993), p.120.

수되었다.146) 그 이후 법과 직접 관련된 교과목이 학교에서 교육과정으로 채택된 사례는 보고되지 않고 있다.

그러나 북한의 공교육에서 규범교육에 대한 강조는 광범위하게 이뤄지고 있다. 북한의 유치원과 각급 학교 교육에서 진행되는 각종 조직생활을 통한 규범활동147)이 그것이다. 어린 시절부터 규율에 따른 생활을 몸에 배도록 하여 성인이 된 이후 법교육 효과를 극대화하는 것이다.

소년단을 비롯한 각종 조직을 통한 규범교육은 직접 법을 가르치지는 않을지라도 도덕규범과 법규범에 의한 생활이 몸에 배도록 한다는 점에서 살아 있는 법교육이라고 하는 것이 적절하다. 따라서 북한 법교육의 전체 상을 이해하기 위하여 빠뜨릴 수 없는 부분을 차지한다.

이 절에서는 북한의 유치원과 각급 학교에서 진행되는 규범교육에 대하여 다룬다.

일부 북한 연구자들은 북한 학생들에 대한 일상적인 생활 규범교육의 의미를 지나치게 부정적으로 강조하기도 한다. 물론 북한 학생들은 기초적인 생활 규범 훈련을 체계적으로 받고 있다.

탁아소와 유치원부터 기초적인 규범, 예를 들면 선생님

---

146) 한만길 외, 『북한교육현황 및 운영실태 분석 연구』(서울: 한국교육개발원, 1998), pp.131 - 132.

147) 조직활동은 기본적으로 조직규범에 의거하여 이루어지는 활동이다. 따라서 규범적 측면에서 규범활동으로 정의할 수 있다.

의 말씀에 귀 기울이고 잘 듣기, 선생님의 설명 중에 잡담하지 않기, 질서와 시간 지키기같이 기초적인 생활 태도 훈련을 철저히 하고 있다. 그런데 문제는, 이러한 훈련 과정을 통하여 북한 학생들은 권위와 지시에 순종하고 질서와 규범을 잘 지키는 태도를 형성하게 된다고 이해하는 것이다.[148]

그러나 기초 생활규범 훈련은 정도의 차이는 있을지언정 북한뿐만 아니라 모든 국가공동체의 공교육 시스템에서 대동소이한 내용과 형식으로 진행된다. (정치)사회화교육의 측면에서 이해하면 더욱 그렇다. 따라서 북한과 다른 국가공동체와 뚜렷한 차이점이라고 할 수 있는 각종 조직 활동을 통한 규범 체화 과정을 위주로 살피는 것이 바람직하다.

북한의 각급 학교에서 차지하는 교원의 역할 또한 마찬가지로 이해할 필요가 있다.

북한에서 교원들의 임무와 주요 활동에는 과외 교양사업, 연구 소조 사업을 조직하고 지도하는 것과 함께 학생들에 대한 도덕 교양사업을 진행하는 것이 포함된다. 학생들이 일과표를 준수하도록 일상적으로 교양하며, 소년단 단체의 사업을 적극 지도하는 등의 활동이 그것이다.[149]

학급 담임 교원의 임무와 주요 활동의 가장 중요한 임무는 학급 학생들의 교양 사업을 책임지는 것이지만, 학생들

---

148) 한만길 엮음, 『북한에서는 어떻게 교육할까』(서울: 우리교육, 1999), p.223.
149) 한만길 외(1998), p.250.

에게 도덕 교양 사업을 실시하는 것도 포함된다. 학급 담임 교원은 학교의 교양 사업 방향과 학급 실정을 고려하여 교양 사업을 조직하고, 학생들이 학생으로서 지켜야 할 규칙과 생활세칙을 준수시키며 도덕적인 품성을 함양시키기 위한 각종 사업을 하도록 되어 있다.[150]

그러나 이 또한 북한뿐만 아니라 모든 국가공동체의 공교육에서 대동소이하게 진행하는 과정이기에 정도의 차이는 있을지언정 큰 강조점을 둘 필요는 없을 것으로 판단된다.

1. 유치원의 규범교육

북한의 유치원에서 법을 직접 교육하지는 않는다. 그러나 규범교육이라고 할 수 있는 정치사상교육은 큰 비중을 차지한다. 일단 유치원에서 정치사상교육이 교육영역에서 차지하는 비율이 13%를 차지하고 있다.[151]

유치원에서 정치사상교육의 교과목은 '경애하는 수령 김일성 원수님 어린시절'과 '친애하는 지도자 김정일 선생님 어린시절'로 구성되어 있다. 김일성 어린 시절의 경우, 영

---

150) 한만길 외(1998), p.251.

151) 최민수, 『북한 유아교육론』(문음사, 1996), p.87. 한만길 외(1998), p.86에서 재인용.

특성과 비범한 예지에 대한 찬양, 탄생과 혁명 가정의 신화, 고매한 공산주의 도덕의 품성, 혁명·증오사상의 고취와 불굴의 의지의 네 항목으로 구성된다. 이 중 고매한 공산주의 도덕의 품성이 32%를 차지한다.[152]

북한에서 최고지도자의 어린 시절 교육은 주체사상에 따른 수령에 대한 충실성 교양으로 이해되지만, 규범교육의 효과를 갖는다. 교육의 목적이 '수령의 고매한 덕성'을 따라 배우는[153] 것이기에 곧바로 아동에 대한 도덕규범교육의 의미를 깇는 것이다. 그 한 예를 '빨간 복숭아'에서 찾아볼 수 있다.

이 노래는 한 북한이탈주민이 유치원 가기 전인 준비반(3~4세)에서 배운 노래라고 한다. 선생님이 아이들에게 '빨간 복숭아'에 대한 노래를 가르쳐 주고 김일성의 어린 시절을 그린 그림판을 보여 주면서 김일성에 대한 충실성 교양을 했다고 한다. 교육 내용은 어린 시절의 김일성이 할아버지

---

152) 한만길 외(1998), p.86.
153) 한만길(1998), p.87.

인 김보현에게 두 손으로 복숭아를 먼저 드리는 것이다.[154]

북한의 유치원에서 진행되는 최고지도자에 대한 충실성 교양은 김일성이나 김정일의 위대한 풍모, 고매한 덕성, 비범한 예지를 인식시키는 것을 넘어 이에 근거하여 충실성의 4대 원칙 '신념화, 량심화, 도덕화, 생활화'하도록 교양하고 있는 것이라고 한다.[155] 최고지도자의 우상화라는 색안경을 떼고 보면, 어린아이가 먹을 것을 어른에게 먼저 드리는 것이 옳다는 것을 알려 주는 도덕규범교육의 효과가 있다.

북한에서는 유치원 또한 빽빽이 짜인 일정에 따라 지내는 생활이 일찍부터 훈련을 통해 이뤄지고 있어[156] 규범을 지키는 생활과 규범교육이 어릴 때부터 습관화되고 있다.

2. 인민학교의 규범교육

인민학교로 올라오면 북한의 어린이들은 '경애하는 수령 김일성 대원수님 어린 시절', '위대한 령도자 김정일 원수님 어린시절'과 별도의 교과목으로 '공산주의 도덕'을 배우게 된다. 세 교과는 1996년의 경우 각각 전체 교육과정의

---

154) 여금주, 「쉴 틈 없는 유치원 교육과정」, 한만길 엮음, 『북한에서는 어떻게 교육할까』(서울: 우리교육, 1999), p.31.
155) 여금주(1999), pp.41 - 42.
156) 한만길 외(1998), p.92.

4.2%를 차지한다. 인민학교에서 '경애하는 수령 김일성 원수님 어린시절'과 '공산주의 도덕'이 정규 교과목으로 개설된 것은 1968년부터이다. 1986년부터는 '친애하는 지도자 김정일 동지 어린시절'이 독립교과목으로 삽입되었다. '공산주의 도덕'은 1986년 독립 교과목에서 제외되었다가 1992년 다시 삽입되었다.[157]

유치원과 인민학교에서 모두 최고지도자의 어린 시절을 교양하지만 그 차이는 있다. 한 북한이탈주민은 이렇게 언급한다.

> 유치원 시기에는 김일성, 김정일에게 고맙다는 인사만 했다면, 인민학교에 올라오면 충성을 다하자는 교양을 받는다. 인민학교 시절에도 모든 교육은 김일성, 김정일에게 충성과 효성을 다해야 하며 김일성, 김정일에 대한 숭배사상을 심어 준다. 인민학교 시절에 나는 김일성과 김정일은 세상에서 가장 위대하고 이 세상에서 김일성, 김정일을 당할 자는 이 세상 그 어디에도 없다고 교양을 받았으며 나도 그렇게 믿었다.[158]

북한의 초등학생들은 학교생활 전체에서 집단으로 움직이며 생활한다. 특별히 소년단이라는 조직생활을 통해 집단주의적 가치를 함양시키고 있다. 북한 인민학교 학생들의 생활은 집단적인 조직생활이 중요한 특징이다. 학교에 등교하는 것부터 귀가시간까지 학생들은 집단적으로 움직이고 생활한다. 자

---

157) 한만길 외(1998), pp.104 - 105.

158) 여은룡, 「조직생활 속에서 철몰랐던 인민학교 생활」, 『내가 받은 북한교육』, 한국교육개발원, 1994, pp.47 - 62. 한만길 외(1998), p.113에서 재인용.

유시간이나 여가시간은 거의 확보되지 않는다고 한다.[159)

한 북한이탈주민은 소년단 활동에 대하여 이렇게 증언하고 있다.

> 나는 아침 7시면 형님과 함께 집을 나서서 모임장소로 갔다. 북한에서는 학교로 갈 때 4줄을 맞추어서 노래를 부르며 학교로 들어가는데 이 줄을 맞추기 위하여 학교 밖에서 미리 모이는 장소를 선생님이 정해 주신다. 이것을 북한에서는 모임장소라고 한다. 모임장소에 가면 학급반장이나 부반장이 출석을 긋고 줄을 세워서 학생들을 인솔하여 학교에 들어온다. 2학년에 소년단 간부선거를 하기 전까지는 학급에 간부라고는 학급반장과 부반장밖에 없다. 학교에 들어오려면 정문에서 4학년 학생인 학교 소년단 위원장이나 3, 4학년으로 조직된 소년단 위원들에게 학급반장은 인원수를 보고하고 학생들은 이들에게서 옷차림, 위생 상태와 소년단원들은 소년단 '붉은 넥타이'를 매고 왔는지를 검열당하고서야 학교 안에 들어올 수 있다. 여기서 소년단 넥타이를 매고 오지 못하면 다시 집에 가서 매고 와야 학교 안으로 들어갈 수 있다.[160)

인민학교에는 일반 행정조직과 별도로 소년단을 담당하는 정치조직이 있다. 학교마다 소년단 지도원이 있거나 복수의 소년단 지도원으로 구성되는 소년단 위원회가 존재한다. 소년단 지도원의 기본 임무는 소년단원들의 조직생활을 통제하고 사상교양사업을 잘하여 모든 학생들이 당에 충실하도록 하는 것이다.[161)

---

159) 한만길 외(1998), p.112.
160) 한만길 외(1998), p.113.
161) 한만길 외(1998), pp.115-116.

북한의 인민학교에서 이루어지는 규범교육은 이전 단계인 유치원에서 진행되던 규범교육보다 더 조직적이고 체계적으로 심화된 것이다. 정식으로 소년단이라는 조직에 가입하게 되는 것도 인민학교 때이며 소년단 지도원의 일상적이고 조직적인 지도검열을 받게 되는 것도 인민학교 때이다. 유치원, 인민학교 시절의 규범교육은 이후 청소년기, 성인기 규범교육의 기본바탕이 된다.

3. 고등중학교의 규범교육

중등교육 또한 공식 교과과정에서 직접 법과 관련된 과목을 찾기는 힘들다. 북한의 중등교육 또한 인민학교와 마찬가지로 김일성과 김정일 우상화의 심화·상승 과정이라고 규정하는 시각이 일반적이다. 중등학교 교육과정에는 사회 관련 과목이 없다. 김일성 부자 교과를 별도로 설치하고 이를 통하여 정치사상교육을 중심적으로 다루고 있다. 특이한 것은 학년이 높아질수록 수업 주 수가 감소하면서 실습, 노동, 조직활동에 투입되는 시간이 점차적으로 증가하고 있다는 것이다.[162]

---

162) 한만길 외(1998), pp.131 - 134.

1996년의 경우 '경애하는 수령 김일성 대원수님 혁명활동'과 '위대한 령도자 김정일 원수님 혁명활동'이 전체 교육과정의 5.1%, 3.3%를 각각 차지하며, '공산주의 도덕'은 2.9%를 차지한다. 4학년부터는 '현행 당정책'이라는 과목이 추가되는데, 전체 교육과정의 1.2%를 차지한다.[163]

중등학교에서는 규범활동을 통한 규범의 체화가 심화되어 이루어진다. 고등중학교 시절의 규범생활은 유치원, 인민학교 시절의 규범생활이 한층 심화되어 나타난다. 고등중학교 상급반 학생들은 소년단이 아닌 청년동맹의 조직원으로 가입하게 되는데, 조직적 규율이 훨씬 세게 적용될 것으로 추측된다.

고등중학교 학생들의 생활 역시 집단적인 규범생활이 그 중요한 특징을 결정한다. 이는 유치원, 인민학교의 연장선상에 있는 것이라고 하겠다. 학교에 등교하는 것부터 귀가시간까지 학생들은 집단적으로 움직이고 생활한다. 자유시간이나 여가시간은 거의 확보되지 않는 것으로 알려지고 있다.[164]

그러나 한편, 고등중학교 학생들 중에서는 머리가 커진 만큼 소년단 조직이나 청년동맹 조직 활동에서 벗어나 자유로운 생활을 누려 보려는 움직임도 있다고 한다.

---

163) 한만길 외(1998), p.133.
164) 한만길 외(1998), p.142.

　　나도 북한에 있을 때 고등중학교 3학년부터 이런 자유조직에 발을 들여놓기 시작하였다. …… 나는 광일이가 자기 동무들의 집에 놀러 가자고 할 때 거절하지 않고 함께 갔다. 내가 간 곳은 광일이와 한 학급에 있는 주정호라는 친구의 집이었다. …… 광일이가 나를 소개하자 그의 친구들은 나에게 악수를 청하며 통성을 하였다. 악수는 어른들만 하는 인사로 인식해 온 내가 처음 악수로 인사를 나누니 갑자기 어른이 된 기분이 들었다. 마감에 주정호와 인사를 나누며 통성을 했다. 곧이어 친구들과 어울려 담배도 피우고 술도 마시면서 한동안 왁자지껄 떠들어 댔다. 정호의 말에 따라서 두 아이가 부엌으로 내려가 술상을 차려 왔다. …… 모두 잔에 술을 채우고 나서 정호는 건배를 하자며 술잔을 들었다. 술을 마신 후 “울기 오른다. 나발(녹음기)을 틀어라!”는 소리가 터져 나왔다. 누군가가 녹음기를 틀자 북한 텔레비전이나 라디오에서는 들을 수 없는 데스꼬(디스코) 음악이 울려 나왔다. 아이들은 음악에 맞추어 북한에서 ‘엉뎅이 춤’이라고 하는 데스꼬를 추기 시작하는 것이었다. …… 나는 처음으로 구속을 느끼지 않고 즐거운 시간을 보냈다. …… 주정호의 집에 갔을 때마다 만나는 그와 그 친구들이 하는 행동이나 말은 아주 재미있었고 다른 세계를 보는 것 같았다.[165]

　　북한에서 고등중학교의 교육 목적은 지덕체를 겸비한 공산주의적 인간을 육성하는 것이다. 1984년 전국 교사들에게 보내는 김일성의 서한 ‘교육사업을 더욱 발전시킬 데 대하여’는 이 점을 명시하고 있다.[166] 그러나 북한에서도 공식적인 교육 시스템과 별도로 의기투합하는 학생들 간의 일시적인 일탈 과정이 존재하는 것이다. 일부 북한 학생들은

---

165) 여금룡, 「사상교양과 ‘자유조직’이 공존하는 고등중학교」, 한만길 엮음, 『북한에서는 어떻게 교육할까』(서울: 우리교육, 1999), pp.63 - 65.

166) 한만길 외(1998), p.127.

이를 '자유교육'이라고 한다고 한다.

이러한 자유교육의 존재는 북한의 고등중학교에서 진행되는 규범교육의 효과와 관련하여 큰 의미가 있다. 일탈 과정으로 인하여 규범생활에 대한 강조가 유치원, 인민학교보다는 훨씬 심화되어 이루어질 것이라는 추측이 가능하다.[167]

고등중학교 학생들은 4학년까지는 인민학교와 마찬가지로 소년단 활동을 하지만, 5학년부터는 청년동맹 활동을 통해 규범생활을 한다. 청년동맹은 14세부터 가입할 수 있는데, 소년단 생활을 하였거나 기타 학교생활에서 모범적이었던 학생은 가입할 수 있다. 학교를 졸업하고 30세가 될 때까지 맹원으로서 활동할 수 있다. 청년동맹은 당의 후비대로서 학생들을 교양함에 있어 여러 가지 임무를 수행하는데 '학생들에 대한 공산주의적 도덕 품성 교양'과 '학생들의 자체 기율 확립', '학생 의무 노동조직 및 감독' 등의 임무가 포함되어 있어 학생들의 규범교육에서 큰 비중을 차지한다.[168]

고등중학교 학생들은 5학년에 올라갈 때까지 다 사로청에 가맹한다. 담임교원은 초급 단체지도원이다. 학교마다 사로청 위원회가 있고 학급별로 초급위원회가 있으며 초급단체위원장, 부위원장, 분과위원들이 있으며 반은 분조로

---

167) 물론 이에 대한 반론도 가능하다. 북한이탈주민의 증언에서 나타나는 자유조직 활동은 어느 국가공동체의 공교육에서나 존재할 수 있는 청소년의 일상적 여가 활동으로 판단되기 때문이다.

168) 한만길 외(1998), p.135.

바뀌어 분조장이 있다. 학교마다 사로청 지도원이 있어 책임자 역할을 하고 있다.[169] 사로청지도원 역시 소년단 지도원과 마찬가지로 사상교양사업을 잘하여 모든 학생들이 당에 충실하도록 하며 주체형의 참된 인재로 키우는 것을 주임무로 하고 있다.[170]

4. 대학의 규범교육

북한 대학의 교육과정 구성 중 정치사상 관련 시간은 총이수 단위의 20% 정도를 차지한다. 정치사상 과목 중에 법과 직접 관련되는 교과목으로는 '사회주의 헌법'이 포함되어 있다. 정치사상 교육 내용 중에는 북한 사회의 우월성을 기술하고 있는 내용이 있는데 북한이 법적으로 자유와 권리를 누리고 있는 것으로 기술하고 있고 사회적으로 생존의 권리를 보장받고 있는 것으로 표명하고 있다고 한다.[171]

대학의 정치사상교육 또한 교양교과뿐만 아니라 '사회정치활동'을 통해서 진행된다. 사회정치활동이란 학생들이 학교에서 배운 지식과 이론을 현실에 응용하는 일종의 실천

---

169) 한만길 외(1998), p.136.

170) 한만길 외(1998), p.147.

171) 한만길 외(1998), pp.175 – 177.

활동이다. 대학에는 대학당위원회가 있어 조직부, 선전부, 청년사업부를 두고 학생들이 사회정치활동에 참여토록 지도한다. 대학당위원회의 지도에 따라 학생들은 공장과 농촌에 나가 강연이나 선전사업을 하게 되는데 이를 통해 학생들은 군중을 교양하고 조직할 수 있는 능력을 체득하게 된다.[172)]

북한의 대학은 군사체계로 편성되어 있다. 학급마다 소대장과 부소대장이 있고 세포비서와 초급단체 위원장이 있다. 이들은 주로 제대군인이 맡고 당원이라고 한다. 대대부는 대대장(4학년생), 참모장(3학년생), 참모(2학년생)로 구성되어, 기숙사 내 금지된 행위, 곧 음주와 흡연 등을 단속하는 역할을 맡는다. 북한의 대학생활에서 특이한 것은 식사시간에 대대별로 대열을 지어 식당까지 가는 것인데, 대학 학생 규찰대와 연대부에서 늦게 오는 학생들을 통제하기 때문에 이 대열에 서지 못하면 식사도 하지 못한다고 한다.[173)]

북한의 대학생들 역시 인민학교, 고등중학교 학생들과 마찬가지로 직접 교과과정에 의한 법교육보다는 규범생활을 통한 규범의 습득과 체화가 규범교육의 효과를 발휘하고 있다.

---

172) 한만길 외(1998), pp.180 - 181.
173) 한만길(1999), pp.156 - 162.

제 4 장

북한 법교육의 특징

북한 법교육의 특징으로 우선 꼽아야 할 것은 바로 일상적이고 다양하게 진행된다는 점이다. 2006년 한 해 동안 민주조선에 실린 법교육 관련 기사는 모두 142건이다. 법무해설원의 활동도 일상적으로 진행된다. 법률가의 활동 또한 마찬가지일 것으로 짐작된다.

언론에 보도된 법 관련 기사는 2～3일에 1건꼴이다. 물론 주요 법령 발포를 기념하는 다수 기사가 게재되어 시기마다 고르게 보도된 것은 아니다. 그러나 절대적인 기사량이 많은 것을 확인할 수 있다.

민주조선에 실린 법 관련 기사 유형은 모두 9가지이다. 법무해설원과 인민위원회의 준법기풍 확립 관련 기사는 그중에서 가장 꾸준히 실리고 있는 기사유형이다. 법규범과 규정이 채택되면 법규해설도 곧이어 실린다. 잊을 만하면 법적인 주장 글과 준법, '규률', '공민적 자각'에서 모범이 되는 사례가 실린다. 또한 수시로 캠페인성 기사를 게재하여 주의를 환기시키고 있다. 법무해설원의 활동도 내용과 형식을 다양하게 하여 진행하고 있으며, 모범사례는 전 국가적으로 유통된다.

 # 근본적 특징: 국가적인 교양 체계

북한의 법교육은 국가적인 교양체계로 진행된다는 점을 근본적 특징으로 하고 있다. 북한의 문헌에서도 이와 관련된 내용을 찾을 수 있다.

> 친애하는 지도자 동지의 현명한 조치에 의하여 우리나라에는 력사상 처음으로 가장 선진적이며 독창적인 준법교양체계가 정연하게 꾸려져 있다. 우리의 주체적인 준법교양체계는 기관, 기업소, 협동단체를 단위로 하고 각급 인민정권기관이 지도하는 국가적인 교양체계로 되어 있으며 법무해설원들이 준법교양사업을 직접 맡아 진행하고 있다.174)

국가적인 교양체계로서 북한의 법교육은 전 국가적인 정치(사회화)교육175)의 성격을 갖는다. 최고지도자의 법인식 확산을 위주로 하고 있으며, 의무 위주의 자각적 준법을 강조한다.

---

174) 심형일(1987), p.373.

175) 북한에서 이루어지는 정치사회화의 효과에 대해서는 서재진, 『북한의 개인숭배 및 정치사회화의 효과에 대한 평가연구』(서울: 통일연구원, 2003) 참고.

1. 전 국가적 정치(사회화)교육의 일환

북한의 법교육은 전 국가적으로 진행된다. 최고지도자의 교시로 명시적으로 확립된 이론이 있고 그 이론에 따라 실제로 법교육이 이루어진다. 최고인민회의와 내각의 기관지인 『민주조선』은 일상적으로 법 관련 기사를 양, 질 면에서 풍부하게 내보내고 있다. 『민주조선』은 모든 국가기관 일꾼들이 읽고 자기 사업에 활용한다. 북한의 언론에 실린 내용은 독보를 통해 국가공동체 전 구성원들에게 전달되기 때문에 법교육 효과가 크다.

북한의 법교육은 인민들이 있는 모든 단위에서 이루어진다. 주로 공장, 농장, 기업소의 단위 책임자를 법무해설원으로 임명하고 이들이 법교육의 구체적인 실행자로 역할하고 있다.

북한의 법교육은 강한 정치(사회화)교육의 성격을 띤다.

정치교육은 한 사회가 특정 가치와 이념을 바탕으로 하는 정치 공동체로 존속하는 데 필요한 자질을 갖춘 인간을 양성하는 데 주목적을 둔다. 서구의 경우 정치교육은 자유민주주의나 시장경제와 같은 특정 이념이나 가치를 전제하고 그에 적합한 인간상의 형성을 일차적으로 지향하는 교육이라고 정의한다.[176)]

정치교육과 유사한 개념으로 정치사회화교육이 있다. 랑톤(Langton)은 정치사회화란 다양한 사회화 매개체인 가정, 학교, 동료집단, 매스미디어, 직장 등을 통하여 개인이 정치와 관련된 태도성향과 행동유형을 성장의 여러 단계를 거치면서 지속적으로 학습하는 과정이라고 정의하였다.[177]

정치(사회화)교육의 이러한 정의에 따르면, 북한의 경우 모든 교육이 정치교육의 성격을 갖는다. 당연히 법교육 또한 정치교육의 일환이다. 무엇보다 북한에서 정치학과 법학의 구분이 뚜렷하지 않다는 점[178]에서 법교육은 가장 뚜렷하게 정치교육의 성격을 띤다고 할 수 있다. 모든 인간과 사회집단을 주체사상화하는 것이 북한의 근본적인 목표의 하나라는 것이 북한학 연구에서 일반화되어 있다. 북한은 '인간개조'라는 표현을 명시적으로 사용하고 있기도 한다. 북한 법률가들의 법교육 활동에서 잘 나타나듯, 북한은 국가공동체 구성원들의 법인식 자체를 바꾸려고 한다.

북한의 법교육이 전 국가적 차원에서 진행되는 것은 정치교육 성격이 강하기 때문이다. 그리고 전 국가적 사업으로 진행되기에 법교육이 정치(사회화)교육의 성격을 강하게

---

176) 박성혁(2006), pp.53 - 54.

177) 김용신, 「사회과 정치사회화 개념의 비교가능성 확보 방법」, 『사회과교육』 제44권 4호(한국사회과교육연구학회, 2005), p.9.

178) 북한의 학문체계에 관해서는 강성윤, 「북한의 학문분류체계: 인문사회과학 분야를 중심으로」, 『북한의 교육과 과학기술』(서울: 경인문화사, 2006) 참조.

띠게 된다.

법무해설원의 활동에 대한 지원과 통제가 인민위원회 차원의 사업으로 전개된다. 이 또한 북한의 법교육이 전 국가적으로 진행되고 강한 정치교육 성격을 띠는 것과 관련지어 설명할 수 있다.

법교육은 정치(사회화)교육과는 달리 공동체의 구성원으로서 자신 있게 참여하면서도 자신의 이익을 스스로 보호하는 데 필요한 법적 능력 함양을 일차적으로 추구하는 데 주목적을 둔다.[179] 북한에서 이런 교육은 이루어지지 않고 있다. 북한의 법이론을 종합하면, 개인의 권익 보호는 수령과 당의 영도에 의탁하는 것으로 이미 달성되었다.

북한은 건국 이전부터 이러한 논리를 일관되게 전개하여 왔다. 1945년 김일성은 쌀을 달라고 하는 철도노동자들에게 소동을 벌인다고 쌀이 나오는 것이 아니라 일을 잘해야 나온다며 오히려 비판하였다. 식량난은 다른 공장 노동자와 농촌의 농민들도 겪고 있다고 하면서 '빼앗긴 나라를 찾기 위하여 오래동안 백두산에서 일제 침략자들과 싸우던 우리에게 무슨 쌀이 있겠습니까'라며 되물었다.[180]

동맹파업을 조직하고 임금인상을 요구한 생산기업소의 노

---

179) 박성혁(2006), pp.53 - 54.

180) 김일성, 「건국도상에 가로놓인 난관을 뚫고 나가자」, 『김일성 저작집』1(평양: 조선로동당출판사, 1979), p.396.

동자들에게도 오히려 일제 때보다 현재 임금이 높다, 임금을 높이 올리려면 노동생산능률을 높여야 한다, 인민경제발전의 장구한 이익을 고려하지 않고 노동계급의 당면한 생활형편을 개선하는 문제에만 관심을 집중하여서는 안 된다는 세 가지 논거를 들면서 비판하고 있다.[181]

비록 갓 해방되고 나서 어려운 경제형편이기는 하지만 노동자들의 임금 인상 및 쌀을 달라는 요구는 **자신의 이익을 스스로 보호하는** 능력에서 나오는 것이다. 일제강점기에도 민족주의 및 사회주의 운동가들은 경제투쟁의 관점에서 노동자의 법적 권리와 투쟁 방법을 의식화하였을 것이라는 것을 우리는 충분히 짐작할 수 있다.[182]

그러나 북한은 건국 초기부터 노동자들의 **법적 능력 함양**을 도와주기보다는 논리적으로 억제하였다. 건국 초기 북한의 이러한 논리는 세월이 흐른 후 자본주의 나라들의 노동조합과는 판이하게 달라지는 직업동맹의 역할로 나타나고 국가 자체가 혁명조직화 하는 혁명론으로 정립되게 된다.

북한은 건국 이전부터 이미 직업동맹은 자본주의하에서의

---

181) 김일성, 「북조선공산당 각급 당단체들의 사업에 대하여」, 『김일성 저작집』1(평양: 조선로동당출판사, 1979), pp.482-483.

182) 실증적 연구는 향후에 보강되어야 하겠지만, 원산총파업 등 일제강점기의 많은 노동자 투쟁은 바로 기본적인 법교육을 통해서 가능했다고 해도 과언이 아니다. 여기에서도 우리는 법교육의 확장된 개념을 사용할 필요가 있다. 경제투쟁을 위해 법에 규정된 노동3권을 교육하는 것도 법교육의 일환으로 보아야 하는 것이다.

노동조합과는 달리 파괴된 인민경제를 복구하고 부강한 나라를 건설하기 위해 힘써야 한다고 강조하였다. 여기서 논리적 전제가 된 것은 바로 공장, 기업소를 관리 운영하는 간부들이 '인민의 리익'을 위하여 일하는 사람들이라는 것이다. 일본제국주의자들과 친일파, 민족반역자들이 가지고 있던 공장, 기업소들이 모두 인민의 재산으로 되었기 때문에 이를 관리 운영하는 간부들은 인민의 이익을 위하여 일하는 사람들이라는 것이다. 따라서 근로자들이 공장, 기업소의 간부들을 상대로 쟁의를 일으키면 그것은 자기 자신을 반대하여 싸우는 것이 된다고 본다.[183]

북한의 건국 전후 이러한 논리는 대동소이하게 오늘날까지 이어지고 있다.

북한의 법교육은 아주 강하게 '특정한 이념과 가치를 전제하고 그에 적합한 인간상의 형성을 일차적으로 지향'하는 교육이다. 북한의 법교육 이론에서 기본적으로 강조되는 것은 사회주의 근로자들이 국가법규를 존엄 있게 대하는 것이다. 이미 앞에서 살펴본 것처럼 국가법규를 존엄 있게 대하여야 한다는 주장에 대한 논거는 '위대한 수령님'과 '친애하는 지도자 동지'의 권위로 직결된다.

북한의 법교육은 국가공동체의 일반 구성원을 상대로 하

---

183) 김일성, 「중앙당학교는 당간부를 키워내는 공산대학이다」, 『김일성 저작집』2 (평양: 조선로동당출판사, 1979), pp.250－251.

여 법적 기초 소양과 법적 시민의식을 함양하는 것과는 거리가 멀다. 법적 원리와 가치, 생활법률지식을 전달하는 것이 아니라 사회주의 법의 우월성과 자각적 준수가 강조되고 있다. 현재로서는 북한 법교육의 정치(사회화)교육 성격이 바뀔 것으로 판단할 수 있는 근거는 전혀 찾아볼 수 없다.

2. 최고지도자의 법인식 확산

북한의 법교육에서도 근본적으로 중요한 것은 바로 최고지도자의 법인식을 확산하는 것이다. 북한 법이론에서 최고지도자의 문제는 법교육에서 근본 주제이다. 법무해설원들이 소속 단위에서 법해설선전을 진행할 때 중심이 되는 것은 최고지도자의 교시 학습이며, 스스로 결의를 높이는 데서도 최고지도자의 교시를 상기하는 것이 핵심이다.

법무해설원을 지원, 통제하는 인민위원회에서도 법무해설원들에게 최고지도자의 노작 학습을 중시한다. 준법교양의 모범 단위를 선정할 때 최고지도자가 현지 지도한 곳을 우선 선정하는 경우가 많다. 이는 단적으로 북한의 법교육에서 최고지도자의 법인식이 차지하는 위치를 말해 주는 것이다.

언론은 최고지도자의 법인식을 시시때때로 다양한 형태

로 기사화한다. 언론을 통한 법교육에서도 북한이 가장 강조하고 있는 것은 최고지도자의 법인식이다. 그렇다면 북한은 '위대한 수령'과 '경애하는 령도자'의 법인식 확신을 어떻게 논리적으로 정당화하고 있을까?

북한의 법이론에서 수령의 영도 및 후계자 문제를 짚어보자.184)

'주체의 법리론'은 다른 분야의 사상이론들이 언급하고 있는 바와 같이 '로동계급의 수령의 령도적 역할이 사회주의 법 건설에서 작용하는 다른 모든 합법칙성을 제약하고 담보하는 근본 요인'으로 보고 있다. 북한에서 법교육의 근본 목적 또한 수령이 창시하고 후계자가 심화발전185)시키는 법사상과 구상을 전 인민대중에게 옹호 관철하는 것이다.

북한에서 '수령은 인민대중 속에서 절대적인 령도적 지위를 차지'하고 '수령은 인민대중의 최고뇌수이자 통일단결의 중심'이다. '로동계급의 수령은 자주성을 위한 근로인민대중의 혁명투쟁에서 차지하는 절대적인 령도적 지위로 하여 로동계급을 비롯한 근로대중의 법건설투쟁에서도 결정적인 역할을 한다'고 한다.

---

184) 이 단락의 내용은, 다른 인용 표시가 없는 한, 심형일(1987), pp.195－202을 참고하여 정리한 것이다.

185) 북한은 주체사상을 김일성이 창시하고 김정일이 심화 발전시키는 것으로 정리하고 있는데, 이에 대한 연구는 고유환, 「김정일의 주체사상과 사회주의론」, 『북한의 사상과 정치』(서울: 동국대학교 안보연구소, 2003), pp.1－54 참고.

수령이 법건설에서 하는 결정적 역할은 크게 두 측면으로 이루어져 있다. 첫째, '착취계급의 낡은 통치법을 때려엎고 인민대중의 새로운 혁명적인 법을 창설하는 투쟁에서 거대한 역할을 수행한다'는 점, 둘째, '로동계급의 정권을 수립한 다음 새로운 혁명적인 법과 법률제도를 세우고 그것을 혁명과 건설의 위력한 무기로 끊임없이 강화발전시키는데서도 결정적 역할을 한다'는 점이 그것이다.

'낡은 반동적 통치기구와 법을 철폐하고 로동계급의 지배권을 확립하는 것은 사회주의 법건설의 필수적인 선결조건'이라고 북한의 법이론은 설명하고 있다. '반동계급의 통치체제와 법률제도를 뒤집어엎는 투쟁은 심각한 사회적 변혁과정이며 혁명세력과 반혁명세력간의 생사를 판가리 하는 치렬한 계급투쟁과정'인데, '오직 인민대중을 혁명의식으로 무장시키고 그들을 강력한 혁명력량으로 묶어세우는 계급의 선각자이며 혁명의 령도자인 탁월한 수령에 의해서만 실현된다'고 한다.

이 과정에서 '수령은 무엇보다 먼저 인민대중의 자주적 요구와 리익을 전면적으로 반영한 혁명의 지도사상을 창시하고 그에 기초하여 대중을 혁명적 법의식으로 무장시킨다'는 것이다. '수령의 정력적인 활동에 의하여 인민대중은 혁명의 지도사상과 자주적인 법의식으로 무장'하고 '낡은 법의 철폐를 위한 혁명투쟁을 목적의식적으로 벌리게 된다’고 한다.

‘수령은 또한 인민대중에게 낡은 반동통치 기구와 법을 타파하고 지배권을 확립하기 위한 정확한 투쟁강령과 전략 전술, 혁명적인 투쟁구호를 제시하여 그들에게 투쟁의 옳바른 길을 밝혀준다’고 한다. ‘그리하여 로동계급과 인민대중은 수령의 령도에 의하여 혁명적인 법의식과 과학적인 전략전술로 무장되고 의식화됨으로써 낡은 통치기구와 법을 타파하고 새로운 혁명적인 정권과 법을 창설하기 위한 투쟁의 위력한 력량으로 준비된다’는 것이다. 수령은 ‘인민대중을 의식화’할 뿐만 아니라 ‘조직적으로 묶어세워 강력한 혁명력량을 마련한다’고 한다.

북한이 자랑스럽게 내세우는 혁명전통은 여기에서도 등장한다. 수령은 ‘낡은 통치기구와 통치법을 때려 부수는 력사적인 투쟁행정’에서 ‘사회주의법의 영광스러운 혁명전통을 마련한다’는 것이다. ‘수령에 의하여 마련되는 혁명적인 법전통은 사회주의 법건설의 깊은 력사적 뿌리이며 가장 고귀한 혁명적 재부로서 로동계급의 법건설투쟁의 명맥을 이어주며 그 승리와 성과를 담보하는 만년초석으로 된다’고 한다.

북한은 ‘로동계급과 인민대중의 법건설위업은 낡은 착취계급의 법과 법률제도를 뒤집어엎는 것으로 끝나는 것이 아니’라 ‘새롭게 제기되는 법건설의 방대하고도 복잡한 과업들을 수행하여 나가게 된다'고 설명하고 있다. '혁명발전의 매 시기, 매 단계마다 그에 맞게 법건설의 전반사업을 틀어쥐고 밀고 나가는 데서 결정적인 역할을 수행'하는 것은 역시 수령이라고 한다.

'수령은 우선 법을 만들고 운영해 나가는 데서 지침으로 삼아야 할 과학적인 법건설 로선과 정책을 작성하며 매 시기 법의 제정집행에서 틀어쥐고 나가야 할 기본 방향과 방침을 제시한다'고 한다.

북한은 이에 대하여 '과학저인 혁명사상과 심오한 리론을 지니고 있는 위대한 수령은 사회주의 법건설의 합법칙성과 나라의 구체적 실정을 깊이 헤아린데 기초하여' 밝힌 것으로 '법 건설의 총적 방향과 목표, 구체적인 과업과 방도들까지 전면적으로 밝혀줌으로써 인민대중의 법건설투쟁을 승리의 한길로 이끄는 가장 정확한 지침으로 된다'고 주장한다.

'수령은 또한 국가의 법과 법률제도를 마련하고 법기관들을 창설하며 혁명과 건설의 심화발전에 따라 그것을 더욱더 개선완성하는 사업을 조직령도한다'고 한다. 수령이 '국가의 기본법과 중요한 부문법들을 몸소 마련하며 국가기관들의 전반적인 립법활동을 통일적으로 조직지도한다'는 것이다.

그리고 수령이 '국가사회생활의 모든 분야에서 법의 정확한 준수집행을 보장하며 혁명과 건설의 무기로서의 법의 기능과 역할을 높이기 위한 사업에로 인민대중을 현명하게 조직동원한다'고 한다.

'주체의 법리론'에 따르면 '수령의 현명한 령도는 사회주의 법의 정연한 체계를 확고히 세우고 그 기능과 역할을 높이는 근본담보이며 사회주의 법건설 사업을 성과적으로 다그쳐나가기 위한 결정적 요인이다.' 이러한 수령의 결정적 역할은 '수령의 후계자의 결정적 역할로 이어지고 빛나게 실현'되는 것으로 북한은 보고 있다.

사회주의 법건설 또한 '공산주의 위업을 실현할 때까지 계속되는 조건'으로 하여 '수령과 함께 수령의 후계자의 령도가 보장되여야 하는 것은 필수적'이며, '수령에 대한 끝없는 충실성, 혁명과 인민대중에 대한 가장 숭고한 헌신적 복무정신을 지니고 있'는 수령의 후계자가 '인민대중 속에서 차지하는 절대적인 령도적 지위로 하여 사회주의 법건설을 위한 투쟁을 계속하고 끝까지 수행하는 데서도 결정적인 역할을 한다'고 한다.

수령의 후계자는 사회주의 법건설에서 크게 두 측면에서 결정적인 역할을 한다고 한다. '수령의 구상과 의도를 받들어 수령이 창시한 법사상과 리론을 옹호고수하고 심화발전시키며 새롭고 현명한 법건설방침을 제시함으로써 사회주의법을 강화발전시키는데서 결정적인 역할'을 하며, '국가의 법을 제정운영하는 전반사업을 틀어쥐고 조직지도함으로써 사회주의 법건설투쟁을 성과적으로 이끌어나'가 '대를 이어 계속 추진시키며 끝까지 수행하는데서'도 결정적인 역할을 한다는 것이다.

'여러 세대에 걸쳐 진행되는 사회주의법건설투쟁은 이룩해야 할 목표의 높이와 내용에서 그리고 벌어지는 사업의 폭과 범위에서 류례없이 거창하고 방대하며 간고하고 복잡한 사업'인데, '령도자의 사상리론적 자질을 전면적으로 지니고 있는 수령의 후계자'가 '수령의 법사상의 진수를 철저히 고수히면서 새롭게 제기되는 실천적 요구에 맞게 그것을 더욱 발전풍부화시키며 수령의 의도를 더 잘 실현하기 위한 새로운 법건설방침을 제시한다'고 한다.

북한의 법교육의 근본 목적이 결국 다른 정치(사회화)교육과 마찬가지로 최고지도자의 법인식을 국가공동체의 모든 구성원들에게 확산시키는 것이라는 점은 사회주의 법건설에서 수령이 차지하는 결정적인 역할을 강조하는 북한의 법이론으로 논리적으로 정당화된다.

북한의 법인식에서 수령과 후계자의 관계는 수령이 법사상을 창시하고 후계자가 법사상을 심화 발전시키는 관계이다. 북한이 주체사상을 설명할 때, 김일성이 창시하고 김정일이 '심화발전'시키고 있는 김일성 – 김정일의 혁명사상[186]이라고 하는 것이 총론이라면 북한의 법인식에서 수령과

---

186) 고유환(2003), p.4.

후계자의 관계를 창시와 심화발전의 관계로 보는 것은 각론이다.

사회주의 법건설을 위한 투쟁에서 '후계자의 령도'가 차지하는 결정적 역할의 논리는 결국 현재 최고지도자인 김정일에 대한 칭송으로 연결된다. '위대한 수령님의 유일한 후계자이시며 당과 인민의 영명한 지도자이신 친애하는 지도자 김정일 동지의 탁월하고 세련된 령도에 의하여 새로운 단계에로 법건설투쟁이 발전하게 되였'고 '그 종국적인 완성을 가장 성과적으로 앞당길 수 있는 확고한 담보를 가지게 되였다'는 것이다.

'친애하는 지도자 동지'는 '당과 국가사업전반을 돌보시면서 위대한 수령님께서 마련하신 가장 우월한 주체의 사회주의 법률제도를 공고발전시키며 새롭게 제기되는 법건설사업의 모든 문제를 수령님의 의도대로 풀어나가기 위하여 불면불휴의 정력적인 활동을 벌리고 계시'고 있다는 논리이다.

'주체의 법리론'은 북한에서 '위대한 수령님의 주체적인 법건설사상이 빛나게 실현되고 국가사회생활의 모든 분야에서 커다란 전환이 일어나고 있'다고 자평하고 있으며, 그것은 '바로 친애하는 지도자 동지의 현명한 령도의 결과'라고 분석하고 있다.

최고지도자의 법인식 확산은 특히 언론을 통해 일상적으로 이루어진다. 특히, 북한에서는 과거 최고지도자가 채택

한 주요 법령의 기념일에는 과거의 수령인 김일성의 위대
성이 대대적으로 선전된다. 나아가 기념 대회에서 발표되는
보고의 내용은 현재의 수령인 김정일의 영도에 따르자는
것이다.

사설을 통해 '김일성헌법을 철저히 구현하여 우리식 사
회주의의 위력을 힘있게 떨치자'(2006년 12월 27일)라고
주장하는 것처럼 직접 최고지도자의 법인식 확산을 명시하
는 것도 있다. 토지개혁법령발포 60'돐'을 기념하는 기사에
는 제복에 '위인들의 불멸의 업적 길이 전하라'는 표현까지
등장한다.

제목을 통해 명시적으로 최고지도자의 법인식을 강조하
지 않더라도 기사 내용으로 들어가면 핵심적인 강조사항은
바로 최고지도자의 법인식 확산이다.

3. 의무 위주의 자각적 준법의 강조

준법교육은 개별 국민이 법을 지키도록 하는 것을 목적
으로 하는 교육이라는 점에서 법교육과 구별된다. 주체의
법이론이 준법교양을 중심으로 내용 구성을 하고 있는 것
에서 알 수 있는 것처럼, 북한의 법교육은 준법교육의 특징

을 강하게 띤다.

대한민국에서 반공독재권력 시절에 실시되었던 법 관련 교육의 대부분도 준법 교육이었다. 준법교육은 법 내용의 정당성 여부와 상관없이 기존 법에 대한 적극적 인정과 준수를 의미한다. 따라서 정치과정과 시민들의 운동과정을 통한 법의 변화 가능성은 다루어지지 않는 것이 특징이다.

준법교육은 권리보다는 의무를 위주로 교육한다. 권리교육이 이루어지더라도 권리의 내용은 법전에만 존재하며, 개별 국민들이 실제로 행사를 하기는 어렵다. 또한 국가공동체의 구성원들을 대상으로 하여 법을 어겼을 때 처벌을 받게 되는 항목 위주로 단순히 공지하는 형태의 교육이 실시되는 경우가 대부분이다.[187]

북한의 법교육에서는 북한에서 채택, 실시되고 있는 법에 대한 정당성을 제기할 수 있는 내용이 포함되어 있지 않다. 김일성은 건국 당시부터 자신이 내놓는 법령에 대한 반대자를 민족반역자, 종파분자 등으로 규정하였다.

> 이와 같이 우리의 로동법령을 반대하는 자들은 조선을 식민지화
> 하려는 미제국주의자들과 그 주구 리승만을 두목으로 하는 매국배
> 족적반동분자들이라는 것을 전체 조선인민은 똑똑히 알아야 할 것

---

187) 군 입대 후 신병훈련소에서 또는 자대 배치 전에 군형법의 몇 가지 조문에 대하여 간단히 교육받는 것을 대표적인 예로 들 수 있다. 국내법상의 군인의 권리는 물론, 전쟁포로의 권리 등 국제법상 광범위하게 인정되는 군인의 권리에 대한 교육이 우리 군에서 시급히 적절하게 이뤄져야 할 필요성이 높다고 하겠다.

입니다. 자기의 조국을 사랑하며 조국의 민주주의적자주독립을 원
하는 모든 조선사람들은 응당 이번 로동법령의 실시를 한결같이 지
지찬동할것이며 이 법령을 반대하여나서는 리승만 도당의 매국배족
적책동을 철저히 폭로분쇄하고야말것입니다.[188]

　　김일성이 1946년 6월 20일 북조선임시인민위원회 제8차
회의에서 한 연설의 한 대목이다. 김일성은 이 연설에서 노
동법령이 노동계급의 절실한 이익을 반영하고 조선의 민주
주의적 발전을 위한 필수적 조건으로 될 뿐만 아니라 동방
피압박인민들을 크게 고무하게 될 것이라고 기대하였다. 토
지개혁에 대해서도 '우리나라 력사에서 위대한 혁명적사변
으로 되며 동방에서 민주주의적사회개혁의 모범으로 되는
토지개혁'이라고 높이 평가하였다.[189] 북한은 법뿐 아니라
자신들의 제도와 사상 등 다른 것에 대해서도 그 우월성에
대한 확고부동한 논리를 구축하고 있다.[190]

---

188) 김일성, 「로동법령초안에 대하여」, 『김일성저작집2』(평양: 조선로동당출판사,
　　　 1979), p.272.

189) 김일성, 위의 글, p.261.

190) 모든 사물현상에 대한 개념 규정, 묘사 및 서술은 자신의 시각과 타인의 시각
　　　 이 공존한다. 북한에 대한 자신의 시각은 북한이 스스로에 대하여 가지는 개념,
　　　 묘사, 서술의 시각이다. 물론 자신의 시각이라고 할 때 북한이라는 국가공동체
　　　 의 무의식적 사회심리 측면까지 고려하여야 한다. 이는 개인도 마찬가지인데
　　　 개인의 의식적, 무의식적 심리 측면을 함께 고려할 때 한 사람에 대한 이해가
　　　 정확을 기할 수 있는 것이다. 김일성의 인식은 자신의 시각과 타인의 시각을
　　　 고려하면, 일면 타당한 측면이 전혀 없다고 할 수는 없다. 그렇지만, 때로 지나
　　　 치다 싶을 정도로 전개되는 북한의 논리는 최고지도자부터 국가공동체의 개별
　　　 구성원에 이르기까지 자기애성 성격장애 상태에 있는 것이 아닌가 하는 의심마
　　　 저 불러일으킨다.

김일성은 이 연설의 말미에서 각 정당, 사회단체들과 '로동자', 농민, 인텔리 기타 각계각층 인민들이 진지한 토론을 전개하여 법령을 완성하는 데 다 같이 참가하고 빠른 시일 내에 철저한 실시를 보장함으로써 북조선에서 민주주의의 승리를 더욱 공고히 하리라는 것을 확신한다고 언급한다.191)192)

북한은 건국 이후 발전 단계를 거치면서 수령의 교시가 점점 더 직접적으로 국가의 의사로 치환되거나 '법화'되었다. 북한의 법교육은 건국 즈음에도 준법교육이었고, 발전 단계를 거치면서 내용과 형식을 달리할 뿐 본질은 동일하게 진행되어 왔다.

법무해설원들의 활동 또한 준법의식 고취 위주로 진행된다. 『민주조선』은 2배 이상의 거름을 내기 위한 작업반별 분담조직을 구성한 한 생산단위의 사례를 보도하고 있다. 법무해설원이 거름생산정형을 알아보니 잘 진척되지 않고 있었다. 농장원들은 거름원천과 운반수단이 부족한 것이 원인이라고 했는데, 법무해설원은 이에 대하여 일꾼들과 농장원들이 거름생산에 대한 옳은 인식과 관점이 부족한 것이

____

191) 김일성, 앞의 글, p.272.

192) 건국 당시 북한은 친일파 청산이라는 국가적 과제를 완수하려고 하였기에 김일성의 논리는 어느 정도 정당성과 타당성을 갖는다. 북한에서 사회적 소통의 메커니즘과 수준이 어떠한지에 대해서는 앞으로의 연구에서 해명하여야 할 것이다. 그러나 이미 법령에 대한 반대를 매국배족적 책동으로 규정한 이후 진행하는 토론은 엄밀한 의미에서 토론이라고 하기는 어렵다.

문제라고 판단하였다.

그래서 법무해설원은 법해설선전사업을 단순히 새로 나온 법규범들과 규정을 알려 주는 실무적인 사업으로 생각하지 않고 일꾼들과 농장원들의 준법의식을 높여 그들을 당의 농업정책관철에로 불러일으키는 사상교양사업으로 확고히 전환시키는 것이 중요하다고 생각하고, 직접 '거름생산전투장'에 나가 농장원들과 일도 같이하고 '쉴참'에는 법들을 알기 쉽게 해설하여 주면서 '거름생산투쟁'이 당의 과수정책을 관철하는 데 중요한 사업이라는 데 대하여 법해설선전사업을 진행하였다고 한다.[193]

북한이 전 분야에서 사상의식을 강조하는 것은 어제오늘의 일이 아니다. 이 사례에서 거름원천과 운반수단의 부족을 과연 어떻게 해결하였는지에 대해서는 언급이 없다.

북한 또한 오늘의 세계를 '정보산업시대'라고 인식하는 것도 곳곳에서 확인할 수 있다. 정보산업시대의 요구에 맞게 공민적 의무를 다하자면 기술을 혁신하여 생산능률을 부단히 높여야 한다고 일깨워 준다.[194] 그러나 여기에서도 당연히 기본 전제는 사상의식의 강조이다. 이것이 국가공동체에 얼마나 효과가 있는 것인지, 앞으로도 계속 의미 있는 사회발전노선으로 진행될 수 있을지 궁금하다.

---

193) 『민주조선』, 2006. 12. 8. 2면.
194) 『민주조선』, 2006. 10. 28. 2면.

오늘날 법교육에서는 준법을 교육의 내용이나 방향으로 삼는 것은 타당하지 않다는 지적마저 점차 일반화되어 가고 있다. 법교육이 '사실'로써 법을 교육하여 사람들의 인지적 행동적 능력을 길러 주는 것으로 그쳐야지 '교의'로써 법을 교육해서는 안 된다는 것이다. 헌법상 양심의 자유와 충돌한다는 지적도 있다.

북한의 법교육은 지나친 준법의식 강조로 인해 사상 및 양심의 자유와 충돌 가능성이 크다. 물론 북한은 집단주의 등 자신들만의 논리와 이데올로기에 따라 공민의 권리를 구성하고 있다.

북한 법교육이 준법교육의 특징을 가지면서도 일관되게 강조하는 것은 자각적인 준법이다. 북한에서는 준법교양을 기본으로 하여 국가공동체 전 구성원들에게 법규범과 규정의 자각적 준수를 일관되게 강조하고 있다.

북한이 사회주의 법을 인민들이 자각적으로 준수한다고 강조하는 근거는 정치와 경제와 문화[195] 모든 것이 바로 인민들이 주인이라는 논리에서 나온다. 인민이 모든 것의 주인이라는 논리는 시간적 단계를 거치면서 다양한 논리적

---

195) 북한의 헌법에는 '정치', '경제', '문화', '국방'의 장은 있지만 '사회'의 장은 없다. 이는 헌법 조문은 물론 김일성의 교시에서도 마찬가지이다. '사회'의 장이 존재하지 않는 것은 김일성의 법인식과 밀접한 연관이 있을 것으로 판단된다. 북한의 집단주의 논리 또는 부르주아 사회학 비판과도 관련지어 세밀하게 검토될 필요가 있다. 조선민주주의인민공화국이라는 국가공동체의 특성과 관련하여 고찰할 필요성이 높다.

모습으로 나타났지만 기본적인 틀은 대동소이하다.

많은 북한법 연구자들이 북한법의 전근대적 성격에 주목한다. 전근대 사회의 법은 일방적으로 부과되는 강행규범으로 이해하는 반면, 현대 사회의 법은 구성원들의 지지와 동의에 의해 형성되고 다시 이 법이 구성원 자신을 구속하는 순환적, 자치적 성격을 갖는 것으로 이해하는 것이다.[196]

그러나 북한이 법교육을 통해 국가와 인민이 분리될 수 없다는 점과 인민들이 국가의 법규범을 자각적으로 준수한다는 점을 일관되게 강조하고 있는 것은 근대 이후 정립된 서구 법학의 일반적인 법 이해와 일맥상통하는 점이 있다. 아마 북한 스스로는 근대 민주주의 법원리의 한계를 뛰어넘어 자신들이 새로운 법규범, 법인식, 법현실을 창조했다는 자부심을 갖고 있다고도 할 수 있을 것이다.[197]

준법교육을 일방적으로 지나치게 강조하여 법교육으로 진행하다 보면, 법교육을 통한 근본 목적이라고 할 수 있는 법적 해결의 필요성과 장점을 인식하고 법률적 절차나 도움을 구할 수 있도록 법적 사고방식을 기르는 것은 달성되기 힘들다. 북한의 법교육은 일방적인 법의 준수만이 강조되고 있어 국가공동체 일반 구성원들에게 법적 사고를 길

---

196) 곽한영(2006), p.1.

197) 여기에서 김일성이 건국 초기 자신들의 혁명을 민주주의의 관점에서 진보적 민주주의라고 규정한 점을 떠올려 볼 필요가 있다.

러 주기가 힘든 것으로 판단된다.

법무해설원들이 사회주의법의 우월성과 준법의 중요성과 의의에 대하여 '착취사회의 반동적이며 반인민적인 법'과 대비하여 '생동한 사실자료'를 가지고 똑똑히 인식시키고 해설해 주는[198) 것이 얼마나 국가공동체 일반 구성원들에게 마음으로 다가가는지에 대해서는 현재로선 판단하기 어렵다.

"근로자들의 준법의식상태가 비교적 낮은 단위 법무해설원들의 활동을 구체적으로 들여다보면 많은 경우 법규범과 규정의 요구를 자기 단위의 종업원들에게 알려주고 그것을 준수하도록 요구하는 일반적인 사업으로 진행되고있었다. 이것은 법무해설원들의 책임성과 관련된 문제였다. … 로작의 내용들을 집중적으로 학습하도록 하였다. 이와 함께 구역 안에 혁명적 준법기풍을 세우는데서 법무해설원들이 차지하는 위치의 중요성에 대하여 법무해설원들의 책임성과 역할이 높은 단위와 그렇지 못한 단위의 준법교양실태, 법준수정형을 분석한 자료들과 결부하여 깊이 인식시키기 위한 사업도 실속있게 진행하였다."[199)

북한의 언론은 법무해설원의 모범 사례를 보도하면서 '근로자들의 준법의식상태가 비교적 낮은 단위'의 사례를 언급하고 있다. 이를 통해 우리는 북한에서 법교육의 효과가 의도하는 바대로 관철되지 않고 있음을 짐작할 수 있다.

---

198) 『민주조선』, 2006. 11. 22. 2면.
199) 『민주조선』, 2006. 10. 31. 2면.

제2절 법무해설원을 통한 법교육의 특징:
생활영역 전반의 규율

법무해설원의 역할은 대한민국 공무원들의 국가시책 수행 역할과 비교할 수가 있다. 그러나 우리 공무원들은 생활영역 전반에 대하여 관여하지는 않는다. 자기 부서의 업무와 관련하여 지휘 통솔하는 권한만을 갖고 있을 뿐이다. 물론 우리 공무원들도 부하직원에 대한 생활적 차원[200]의 충고와 지시를 하기도 하나, 규범화되어 있지는 않다.

법무해설원들은 국가가 정한 법규범뿐만 아니라 도덕규범, 사회규범의 영역까지 자신의 활동 반경으로 삼고 있다. 그리고 정규 노동시간 이외에도 수시로 법무해설 활동을 벌인다. 자본주의 사회에서는 분리되어 있는 생산관리, 마케팅 등의 활동까지 법무해설원은 담당하고 있다.

법무해설원은 우리 사회의 공무원과는 달리 자기 단위 구성원들의 생활영역 전반을 규율하는 역할을 하고 있다는 점을 중요한 특징으로 확인할 수 있다.

---

200) '외부인을 만날 때를 대비하여 명함을 잘 챙겨라', '옷매무새를 단정히 하라' 등을 그 예로 들 수 있을 것이다.

1. 법의 포괄 범위 확대

북한에서 법무해설원들의 활동을 살펴보면 그들의 '법'은 우리가 말하는 법과는 많은 차이가 있음을 알게 된다. 우선 지적할 수 있는 것은 북한이 이해하고 있는 법의 범위가 상당히 포괄적으로 확대되어 있다는 점이다. 어디까지를 법무해설원의 활동 영역으로 삼아야 하는 법인지가 확정되어 있지 않다.

물론 북한에도 법규범에 대한 정의는 존재한다.

> **법규범:** 국가에 의하여 제정, 비준되고 국가권력에 의하여 그 준수가 보장되는 사람들의 행동준칙. … 국가의 법규범은 사회주의법의 유일한 형식이다. … 사회주의법규범은 권한있는 국가기관이 내는 규범적문건들을 통하여 제정되며 그 준수가 근로자들의 자각성과 국가권력에 의하여 담보되고 있는 일반적 성격을 띤 행위준칙이다. … 법규범은 우선 일반적호소나 권고가 아니라 사회성원들에게 일정한 행동을 하거나 하지 말데 대한 국가의 요구를 담는다. … 법규범은 또한 사회관계의 당사자들에게 일정한 권리를 부여하고 의무를 지우는 방법으로 사회관계를 규제한다.[201]

그렇지만 법무해설원의 구체적인 활동을 살펴보면 법의 범위는 확장된다. 예를 들어 '봄통배추옮겨심기 남새제1작업반'에 나가 농장원들이 주체농법의 요구대로 공정별 기

---

201) 『조선대백과사전(11)』, p.23.

술규정을 잘 지키면서 하루실적을 2배로 높이도록 고무[202)
한다는 것을 꼽을 수 있다. 법무해설원의 활동을 통해 북한
이 국가의 입법기관이 공식 제정한 법규범만을 법으로 보
지 않고 있다는 것을 알 수 있다. 주체의 법이론에서 주장
하는 것의 논리적 연장이라고 보기에는 법의 의미가 너무
포괄적이고 미확정되어 있는 것이다.

3, 4월 위생월간에 자기가 사는 거리, 마을, 공장을 '알
뜰히 거두고' 잘 관리하는 것이 공장애, 향토애의 표현이라
는 것을 설득력 있게 해설한 법무해설원의 사례도 소개되
어 있다. 이 법무해설원은 생산문화, 생활문화를 높은 수준
에서 확립하여 '위대한 장군님'께 기쁨을 드린 자강도 사람
들의 '투쟁자료'들도 실감 있게 알려 주었다고 한다.[203) 법
무해설원이 통상 한 단위의 책임일꾼이긴 하지만 법의 이
름으로 행해지는 활동이 거의 모든 생활 범위를 담고 있다.
법무해설원이 구체적으로 법규범에 실린 조문의 내용을
어떻게 해설 선전하는가 하는 것은 미지수이다. 종업원들
속에 연료소비기준을 낮추는 것이 생산물의 원가 저하의
기본방도의 하나라는 에네르기관리법과 결부하여 깊이 있
게 해설선전[204)한다는 사례를 들어 보자. 그런데 에네르기

---

202) 『민주조선』, 2006. 3. 25. 2면.
203) 『민주조선』, 2006. 4. 30. 2면.
204) 『민주조선』, 2006. 4. 19. 2면.

관리법(1998년 2월 4일 채택)의 어떤 법조문을 교육하는 것인지가 명확하지 않다. 정작 에네르기관리법에는 연료소비기준을 낮추는 것이 생산물 원가 저하의 기본 방도라는 내용이 명시되어 있지 않다.

이상의 사례들을 통해서 알 수 있는 것처럼 북한에서는 법의 범위가 확정되어 있지 않다. 물론 법무해설원들은 법규범과 규정들을 법해설선전한다고 하고 있는데, 많은 경우 최고지도자의 교시나 당 정책을 나라의 법규범과 규정이라고 하여 기계적으로 교육시키고 있는 것은 아닌지 의문이 든다.[205]

주체의 법이론은 사회주의 법무생활이 사회의 전체 성원들을 포괄하는 사회적 생활이라는 데서 그 본질적 특성을 찾고 있다. 이를 확장해서 이해한다면, 조선민주주의인민공화국이라는 국가에 사는 모든 생활이 곧 법무생활이다. 그래서 법무해설원의 활동이 모든 규범의 준수와 교육을 담당하는 포괄적인 직역으로 되어 버린다. 나아가 최고지도자의 교시와 당 정책을 실질적인 법으로 인식하고 교육하게 되는 것이다.

---

205) 이 부분은 북한 헌법에 '사회'의 장이 없는 것과 관련지어 고찰할 필요성이 높은 지점이다.

2. 법무피로 가능성

　법무해설원의 활동은 기본적으로 종업원모임을 효과적으로 '리용'206)하여 진행된다. 대상의 준비 정도와 특성에 맞게 출근길과 퇴근길, 작업의 '쉴참' 등 조건에 구애됨이 없이 꾸준히 진행된다.207) 회의나 모임, 작업의 '쉴참' 등 종업원들이 모이는 여러 계기와 공간을 이용하여 법해설선전사업을 벌인다는 것이 북한의 언론매체가 보도하고 있는 모범사례이다.208)

　법무해설원의 활동에 대한 북한의 언론보도를 살펴보면 공장과 사업소, 농장을 비롯한 각종 단위현장에서 주로 휴식시간을 이용해 일상적으로 법해설선전사업과 준법감시를 진행하는 것으로 이해된다.

　공장의 기술자들과 종업원들 속에서 기술관리사업을 '더욱 개선강화할 데 대한 문제를 놓고 실효모임을 진행'209) 하는 것이 사회주의 로동법이 규정한 근로시간 내에 행해지는지, 그렇지 않다면 근로시간 이외의 휴식시간을 이용해 행해지는지 명확하지는 않다.

---

206) 『민주조선』, 2006. 12. 8. 2면.
207) 『민주조선』, 2006. 4. 19. 2면.
208) 『민주조선』, 2006. 5. 24. 2면.
209) 『민주조선』, 2006. 8. 19. 2면.

그렇지만, 법무해설원들이 근로자들의 출근시간, 퇴근시간, 쉴참에도 열정적으로 활동하는 것은 오히려 대상이 되는 일반 근로자들에게는 휴식시간도 편히 쉬지 못하게 하는 예상치 못한 부작용을 가져올 수 있다.

대부분의 법무해설원들의 활동이 준법의식을 높일 수 있는 '계기를 제때에 포착'하고 그에 맞게 법해설선전을 진행[210]한다고 한다. 그렇다면 법무해설원의 활동은 정례화되어 있지 않은 것이다. 업무교육의 일환으로 되어 있지 않은 법해설선전활동이 일반 근로자들에게 어떤 영향을 주는지는 현재로서는 미지수이다.

법무해설원의 활동에서 사회주의로동법과 관련한 법해설선전사업을 실감 있게 진행하여 480분 노동시간을 철저히 지키며 효과적으로 이용하도록 하는[211] 것이 늘 중요하게 제시된다. 법무해설원의 일상적인 열정적인 활동은 오히려 일반 근로자들에게는 법무피로라고 할 수 있을 정도의 역효과가 있을 것으로 추측된다.

국가공동체 전 영역에서 북한의 일상을 살펴보더라도 정해진 업무 외에 일일, 주간, 월간 총화와 학습, 그리고 혁명적인 문학예술 관람 등 아침부터 밤까지 '혁명'으로 일관하는 국가공동체 일반 구성원들의 삶을 고려해 보더라도

---

210) 『민주조선』, 2006. 8. 19. 2면.
211) 『민주조선』, 2006. 8. 19. 2면.

그렇다. 법무해설원이 혁명적으로 열심히 하면 할수록 법무생활의 이름으로 국가공동체 일반 구성원들의 삶은 혁명적 피로감이 누적되는 가능성이 있을 것으로 판단된다.

3. 타 영역과 미분화

북한의 법무해설원의 직역은 자본주의 나라들에서 일반화된 생산단위의 여러 영역이 미분화된 상태에서 이루어지고 있다.

공장의 경우, 법무해설원은 '기술혁신조'를 내오고 기술자들이 이 사업에 앞장서도록 하고 '생산자대중'이 기술혁신사업에 적극 나서도록 '조직사업을 짜고드는' 역할[212]을 맡고 있다. 법규범 및 규정 교육, 준법 감시자 또는 감사의 역할뿐만 아니라, 생산관리, 마케팅 활동의 영역까지 법무해설원은 포괄적으로 담당하고 있다.

그 대표적인 예가 상점의 매대에 가서 비누를 사는 주민들의 평을 직접 듣고 이를 개선한 법무해설원의 경우이다. 이 법무해설원은 제품의 질 문제를 놓고 판매원과 이야기도 나누고, 공장으로 돌아와 생산공정을 유심히 살펴보다

---

212) 『민주조선』, 2006. 5. 24. 2면.

원료배합에서 하나의 원인을 찾는다. 일부 원료배합에서 표준조작법[213]의 요구가 철저히 지켜지지 못하고 있음을 발견한 것이다.

그래서 곧바로 실물을 놓고 법해설선전사업을 진행하고 다른 공장에서 생산한 제품과 차이점을 구체적으로 설명해 주면서 생산공정에서 표준조작법을 지키는 것이 얼마나 중요한가를 해설하였다고 한다. 법무해설원은 같이 일도 하면서 언제 어떤 조건에서도 표준조작법의 요구를 철저히 지키도록 이끌어 주기까지 하였다고 한다. 이 과정에서 나라에서 같은 자재를 대 주어도 얼마만한 '량'의 자재를 '랑비' 하게 되는가를 '실리'를 따져 가며 해설하였다는 것이다.[214]

법무해설원의 이러한 활동은 일반적으로 자본주의 사회에서는 마케팅 또는 생산관리, 품질관리의 영역이다. 자본주의 사회에서는 분화되어 있는 기업활동의 여러 영역들을 전적으로 법규범과 규정을 잘 지키는 문제로만 치환하는 우를 범하고 있는 것은 아닌가 하는 의문이 든다. 그리하여 오히려 근로자들의 창의력을 고사시키는 결과로 연결되는 것은 아닌지에 대해서는 향후에 규명될 필요가 있을 것이다.

법무해설원의 모범사례로 소개된 내용 중에는 공장에서

---

213) 표준조작법과 관련하여 과학기술법 제34조는 "기관, 기업소, 단체는 기술준비를 생산에 앞세우고 기술규정과 표준조작법을 엄격히 지켜야 한다. 기술규정과 표준조작법은 마음대로 고칠 수 없다."고 규정하고 있다.

214) 『민주조선』, 2006. 5. 10. 2면.

제일 어려운 문제로 제기되었던 분탕성형기제작을 스스로 맡아 안은 것도 있다. 이 법무해설원은 평양과 구성의 연구 기관들과 기계공장들을 찾아 '출장길을 이어나가' 문제를 해결하였으며, 그것이 종업원들에 대한 말 없는 준법교양으로 되었다고 한다.[215] 북한이 법무해설원의 엄청난 노력과 열의를 필요로 하는 미분화된 생산 시스템을 갖고 있다는 점은 북한 법교육의 특징을 설명하는 전제의 하나이다.

제3절 북한 법교육의 특수성: 국가와 개인의 조직적 매개

북한 법교육을 살필 때, 법교육의 발전과정이나 구체적 모습은 나라마다 상당한 차이가 있다[216]는 점을 고려하여야 한다. 북한은 법학 자체가 정치학과 구분 없이 사용되고 있으며 정치 우위의 사회라는 점을 감안하여야 할 필요성이 크다.

특히, 우리가 간과하지 말아야 할 부분은 당원 또는 국

---

215) 『민주조선』, 2006. 12. 9. 2면.
216) 박성혁(2006), p.53.

가기관의 일꾼들이 조선민주주의인민공화국이라는 국가공
동체 일반 구성원의 권익 실현 역할을 적극적으로 하고 있
을 가능성이다. 비록 법교육을 통해 개인이 스스로의 권익
실현을 할 수 있는 법적인 마인드를 심어 주지 않더라도
당원 또는 국가기관의 일상적인 활동을 통해 이루어질 수
도 있기 때문이다.

> 당원은 군중의 의견을 허심하게 받아들이고 그들의 요구를 제때
> 에 풀어주어야 한다.217)

북한은 당원이 준수해야 할 의무218)의 일부로 '혁명적 군
중관점을 세우고 군중과 늘 사업하여야 한다'는 점을 중요
하게 내세우면서, 그 일환으로 군중의 의견을 '허심하게'
받아들일 것과 군중의 요구를 '제때에 풀어주어야' 할 것을
강조하고 있다. 이 점은 최고지도자의 교시에도 명시되고
있다.

---

217) 『조선로동당원의 의무 해설』(평양: 조선로동당출판사, 1971), p.45.

218) 『조선로동당원의 의무 해설』에 정리된 당원의 의무는 다음과 같다. 1. 당원은
당의 유일사상체계를 세워야 한다. 2. 당원은 당조직생활에 충실히 참가하여야
한다. 3. 당원은 정치실무수준과 문화수준을 끊임없이 높여야 한다. 4. 당원은
혁명적 군중관점을 세우고 군중과 늘 사업하여야 한다. 5. 당원은 사업과 생활
에서 군중의 모범이 되어야 하며 모든 사업에서 선봉적 역할을 놀아야 한다.
6. 당원은 고상한 공산주의적 도덕품성을 가져야 한다. 7. 당원은 사회주의 조
국을 튼튼히 보위하여야 한다. 8. 당원은 혁명적 제도와 질서를 지키며 혁명적
경각성을 높여야 한다. 9. 당원은 사업과 생활에서 나서는 문제들을 당조직에
보고하여야 한다. 10. 당원은 당비를 바쳐야 한다.

　　당원이 군중의 의견을 받아들이고 요구를 풀어 주어야
한다는 것은 당원이 군중을 교양하고 조직 동원하는 정치
활동가의 측면도 있지만, 군중에게 복무하는 인민의 충복의
측면이 있다는 점이 논리적 근거가 되고 있다.

　　군중의 요구를 들을 때도 '허심히', '생활을 책임지는 립
장에서 세심하게' 보살펴 주어야 한다고 한다. 군중 속에서
의견이 제기되는 경우 그 의견을 '심중히' 듣고 '깊이 분
석'하며 좋은 점은 '제때에' 지지하여 주고 조장 발전시켜
야 한다. 혹 군중 속에서 그릇된 의견이 제기되더라도 묵살
할 것이 아니라 사리를 밝혀 잘 '리해'시켜 주어야 한다.

　　또한 당원들은 군중의 애로와 요구도 '제때에' 풀어 주기
위하여 노력하여야 한다고 한다. 군중 속에서 군중의 사업
과 생활에서 걸리고 있는 문제가 어떤 것이며 군중이 무엇
을 요구하고 있는가를 '늘' 알아보아야 한다는 것이다.

　　군중의 애로와 요구를 알아보는 것으로 그쳐서는 안 된
다고 하는 것도 강조되고 있다. 군중의 애로와 요구를 '성
심성의로' 풀어 주기 위하여 노력해야 한다는 것이다. 자기

---

219) 김일성, 『사회주의경제관리문제에 대하여』1권, 1970년판, p.203. 『조선로동당
　　원의 의무 해설』(1971), p.45에서 재인용.

힘으로 해결할 수 있으면 자기 힘으로 해결하고, 그렇지 않으면 집단의 힘을 동원하거나 상급 당조직이나 국가기관에 제기해서라도 꼭 해결해 주도록 하여야 한다는 것이다.[220]

북한에서 군중의 애로와 요구를 푸는 것을 강조하는 것은 건국 이전부터 시작된 것이다. 김일성은 해방 전후 자신의 경험으로부터 대중과 가깝게 만나고 대중의 의견에 귀를 기울이고 애로사항을 풀어 주는 것이 필요하다는 것을 확신하였다.[221] 북한은 이후 이를 일관되게 강조하여 온 것이다.

물론 이러한 당원의 의무는 노동자, 농민을 비롯한 군중들이 어떻게 하면 수령의 교시를 더 빨리, 더 훌륭히 관철할 것이며 당과 혁명에 더 많은 이익을 주겠는가에 대하여 늘 생각하고 있다는 점을 전제로 하고 있다. 모든 일을 군중의 의견을 듣고 그들의 요구대로 처리하면 당과 혁명의 이익에 맞게 처리할 수 있고 제기된 혁명과업을 성과적으로 수행해 나갈 수 있기에 당원은 군중의 의견을 적극 받아들여야 한다는 것이다.[222]

북한에서 군중의 목소리에 귀를 기울이고 요구를 풀어 주는 의무는 당원뿐만 아니라 국가기관 일꾼들과 청년동맹

---

220) 『조선로동당원의 의무 해설』(1971), pp.45 - 46.

221) Charles K. Armstrong, *The North Korean Revolution: 1945 - 1950*(Ithaca, Cornell University Press, 2003), p.65.

222) 『조선로동당원의 의무 해설』(1971), p.46.

등 당 외곽 인전대 조직의 일꾼들에게도 동일하게 부과되어 있다. 이는 긍정적인 시각에서 평가하면 개인의 권익 실현이 개인의 법적 능력이 아니라 당이라는 국가와 인민을 연결하는 매개조직의 활동을 통하여 온전히 실현되고 있다고 할 수 있는 것이다.

북한에서 당 일꾼, 국가기관 일꾼, 인전대 일꾼들의 역할은 서구사회에서 일반적으로 나타나는 당료, 공무원, 단체 활동가들의 역할과는 완전히 구분되는 것이다. 소설 『벗』에 등장하는 정진우 판사 또한 법률가로서가 아니라 벗으로서 이혼 재판의 당사자들에게 다가가고 싶다는 의사를 피력한다.

북한의 법교육은 인민들이 자신들의 국가와 돈, 권력, 연줄 등 힘 있는 자들의 불법과 부도덕과 무례에 항거하는 방법을 가르쳐 주지 않는다. 북한의 각급 조직들이 과연 힘 있는 자들의 불법과 부도덕과 무례에 항거하려고 하는 조직원들의 상담창구 노릇을 제대로 하고 있을까? 이 문제는 북한의 신소 제도가 실제로 어떻게 운영되고 있는지에 대한 연구를 통해 어느 정도 파악이 가능할 것이다.

북한은 법교육이 요청하는 국가의 의무를 다하고 있지 않다. 법교육은 누구나 법의 본질을 알도록 교육을 시키고 최소한의 지식을 갖출 수 있도록 하는 것이 국가의 의무라고 본다. 법을 지키고 안 지키고를 떠나 자신이 하는 행동에 대해 예상을 빗나가는 결과가 왔을 때의 분쟁을 미리 막을 수 있고 법을 악용하는 사람에 대해 자신을 방어할 수 있기 위해서는 법을 알아야 한다는 것이다.[223]

당원과 일꾼을 통한 개인의 권익 실현이라는 북한 법교육의 특수성은 국가공동체와 개인이 조직적으로 매개되어 있는 북한의 독특한 국가 성격에서 나오는 것이다. 북한의 국가성격에 대한 여러 논의가 있지만, 북한의 가장 큰 특징은 국가 자체를 혁명조직화하였다는 점이다. 이에 따라 국가공동체의 일반 구성원은 바로 혁명조직의 성원이 되고, 혁명의 완수를 위한 규범 논리가 국가공동체의 모든 개별 구성원에게 적용되는 것이다. 국가와 개인의 조직적 매개를 제대로 이해하기 위해서는 북한의 국가성격에 대한 체계적인 규명이 선행될 필요가 있다.

---

223) 박훈(2006), pp. 73 - 74.

제5장

결 론

이 책은 법교육이라는 잣대를 통해 북한을 이해하려고 시도하였다. 법무해설원을 통한 법교육, 언론을 통한 법교육, 법조인을 통한 법교육으로 크게 나누어 북한의 법교육을 살펴보았으며, 그 특징을 규명하였다. 특히 북한의 모든 기관과 기업소, 사회협동단체에 존재하는 법무해설원에 주목하였다.

북한의 공교육에서 이루어지는 규범교육을 넓은 의미의 법교육으로 보고 함께 다루었다. 북한은 어릴 때부터 조직활동을 통한 규범교육을 통해 각종 규범을 체화하기 때문에 성인이 된 이후 법교육이 용이하게 이루어진다.

북한의 일상적인 법교육은 북한이 보여 주는 법적 자신감의 근본 동력으로 작동한다. 북한은 국제법과 남북 간 합의를 원용하여 적극적으로 자기주장의 근거로 활용한다. 북한이탈주민의 증언에 따르면 북한의 체계적인 법교육은 상당한 효과를 거두고 있다.

북한의 법교육은 국가공동체의 일반 구성원에 대하여 법을 교육한다는 점을 제외하면 일반적인 법교육의 원칙과 내용과는 맥이 닿지 않는 부분이 많다. 그래서 이 연구에서는 국가공동체의 일반 구성원을 대상으로 법을 직접 교육하거나 법을 교육하는 효과가 있는 현상들을 모두 법교육으로 정의하고 이를 북한에 적용하여 논의를 전개하였다.

북한은 '법교육' 대신 '준법교양'이라는 용어를 사용한다.

준법교양은 본질에서 준법교육과 차별성이 크지 않은 개념으로 법교육에 포함된다. 준법교양과 준법교육은 모두 법내용의 정당성 여부와 상관없이 기존 법에 대한 적극적 인정과 준수를 의미한다. 북한은 준법을 법적 의무를 넘어 양심과 의리로 대하도록 교육하고 있다.

북한의 준법교양 이론은 크게 내용, 방도, 단위로 나눌수 있다. 내용 면에서는 법에 대한 바른 관점과 태도를 세우는 것과 위법현상에 대하여 잘 알려 주는 것을 강조한다. 방도 면에서는 법 해설 및 교양을 실속 있고 다양하게 진행할 것을 강조하며, 모범사례를 적극 발굴하도록 하고 있다. 준법교양의 단위는 '당이 세워준 준법교양체계'인데, 법무해설원이 핵심 역할을 한다.

북한의 법교육은 국가적인 교양체계로 진행된다는 근본적 특징을 갖고 있다. 내용 면에서도 정치(사회화)교육의 성격을 강하게 띠고 있으며, 최고 지도자의 법인식을 확산하는 것이 가장 중요하다. 의무 위주의 자각적 준법을 강조하고 있어 법교육 본연의 법적 사고 함양보다는 준법교육의 기능을 한다.

법무해설원은 법 해설과 준법 감시를 넘어 북한의 모든 기관, 기업소, 사회협동단체 구성원들의 생활 전반에 대한 규율을 담당하고 있다. 주로 해당 기관, 기업소, 사회협동단체의 단위책임자들이 법무해설원 역할을 수행하다.

법무해설원은 별도의 직업이 아니며 하나의 직역이다. 이들은 국가가 제정한 법규범뿐만 아니라 도덕규범, 사회규범의 영역까지 포괄하여 법무 해설 활동을 벌인다. 나아가 또한 국가계획 실현을 위해 생산성을 선도하는 역할을 맡고 있다. 이들은 정규 노동시간 이외에도 활발한 활동을 벌이고 있는데, 생활에 대한 지나친 개입과 휴식 시간의 통제로 인해 일반 구성원들은 법무피로에 젖어 있는 것으로 판단된다.

법무해설원은 우리 사회의 공무원과는 달리 자기 단위 구성원들의 생활영역 전반을 규율하는 역할을 한다. 나아가 생산관리, 마케팅 등 자본주의 사회에서는 분리되어 있는 분야까지 담당하고 있다. 법무해설원들을 지원하고 통제하는 단위는 각급 인민위원회이다.

북한에서는 언론을 통한 법교육이 일상적으로 이루어지고 있다. 북한의 언론은 수시로 법 관련 기사를 게재한다. 북한의 언론은 독보를 통해 전 주민에게 교양자료로 활용되기 때문에 법교육 효과가 크다.

『민주조선』의 경우 법 관련 보도 유형은 모두 9가지로 구분할 수 있다. 법무해설원 활동 기사, 인민위원회의 준법기풍 확립 기사, 법이론 교양과 법적 주장, 입법소식과 법규 해설, 법령 발포 기념 기사, 법무 캠페인성 기사, 개인 및 집단의 법무 모범 사례, 기타가 그것이다.

북한의 법률가들은 주로 사건과 관련 당사자들을 적극 설득하는 방식으로 법교육을 진행한다. 이때 법률가들은 잘못된 법인식의 개조를 시도한다. 사건 당사자가 소속된 기관 및 단체와 업무협조 메커니즘을 구축하고 있는 것도 특징으로 꼽을 수 있다.

북한은 법교육에서도 사상의식, 곧 법의식을 강조하고 있으며, 이에 따라 준법의식의 강조가 중요한 내용을 이룬다. 준법의식을 강조하는 근저에는 국가와 국가공동체 일반구성원의 근원적인 이해관계가 동일하다는 인식이 자리하고 있다.

수령의 영도 및 후계자 문제는 법교육에서 기본 주제이다. 북한의 법이론 또한 김일성이 창시하고 김정일이 심화 발전시켜 나가는 과정에 있는 이론이라고 북한은 주장한다.

북한의 법교육은 준법의식 고취 위주로 이루어져 국가공동체 일반 구성원들이 법생활의 주인으로서 자신의 권리를 제대로 지킬 수 있는 기능을 하고 있지 않다. 어떤 문헌이나 매체를 막론하고 대동소이한 논리 전개를 하고 있어 북한의 법교육은 형식에 그칠 가능성이 있다.

북한에서 당원과 일꾼의 역할과 관련하여 법교육의 특수성을 주의 깊게 살펴볼 필요성은 있다. 북한에서 개인의 권리와 이해관계는 기본적으로 소속 단체와 당조직을 통해서 실현되는 것으로 판단되기 때문이다.

물론 북한은 여기에서도 인민대중이 수령의 교시를 어떻게 더 빨리 관철할 것인가 고민하고 있다는 점을 전제로 하고 있다. 당원과 '일군'들이 군중의 의견과 요구에 따라 모든 일을 처리하면 '혁명과업'을 성과적으로 수행해 나갈 수 있기에 군중의 의견을 적극 받아들여야 한다는 논리이다.

이 책에서는 북한 법규범의 근본적 특징을 규명하지 않은 상태에서 법교육과 그 특징을 살폈다. 북한은 '혁명국가'라고 해도 과언이 아닐 정도로 혁명을 핵심 고리로 하여 법규범이 형성되어 있다. 북한은 국가의 법규범이 혁명조직의 강령과 규약 및 내부 규율 역할을 하는 것으로 판단된다.

또한 북한의 법규범에는 국가의 사명으로 서술되어 있지만 곧바로 인민의 의무로 전환되는 조문이 다수 존재한다. 이는 북한에서 법교육이 강화되면 될수록 인민들의 의무 수준이 높아질 수 있다는 점에서 주목할 필요가 있는 지점이다.

당원과 일꾼을 통한 개인의 권익 실현이라는 북한 법교육의 특수성은 국가공동체와 개인이 조직적으로 매개되어 있는 북한의 독특한 국가 성격에서 나오는 것이다. 국가공동체와 개인의 조직적 매개는 혁명을 최고의 국가목표로 삼고 있는 북한의 국가성격과 관련하여 법철학 차원에서 체계적으로 연구될 필요가 있다.

북한의 국가성격과 북한법의 특징에 대한 후속 연구를 통해 북한의 법교육에 대한 더 깊이 있는 이해가 가능할 것이다. 북한 법교육의 특수성에 대한 고찰은 향후 북한이탈주민에 대한 체계적인 면접조사 등을 통해 보완될 필요성이 있다.

북한의 준법교양 이론과 준법교육의 차이에 대해서도 깊이 있는 고찰이 요청된다. 북한이탈주민이 북한을 떠나 다른 국가공동체에 편입되었을 때 기존의 법교육이 어떤 역할을 하는지를 규명하는 것은 남북 주민의 사회통합에 도움을 줄 수 있을 것이다.

향후 분단 극복 과정에서 남과 북의 법은 근대 민주주의 법원리에 기반 하여 재정립될 것이다. 이에 대한 교육을 어떻게 진행할 것인가에 대한 논의는 북한의 법교육 연구와 관련하여 일관되게 탐구되어야 할 기본 방향이라고 하겠다.

참고문헌

[북한 문헌]

『국제법사전』, 평양: 사회과학출판사, 2002.

『민주조선』.

『위대한 령도자 김정일 동지의 사상리론 법학 1』, 평양: 사회과
　　학출판사, 1996년.

『위대한 령도자 김정일 동지의 사상리론 법학 2』, 평양: 사회과
　　학출판사, 1996년.

『위대한 령도자 김정일 동지의 사상리론 법학 3』, 평양: 사회과
　　학출판사, 1998년.

『조선대백과사전(10)』, 평양: 백과사전출판사, 1999.

『조선대백과사전(11)』, 평양: 백과사전출판사, 1999.

『조선로동당원의 의무 해설』, 평양: 조선로동당출판사, 1971.

『조선민주주의인민공화국 법규집(외국투자부문)』, 평양: 법률출
　　판사, 2006.

『조선민주주의인민공화국 법전 (대중용)』, 평양: 법률출판사, 2004.

『조선민주주의인민공화국 법전 (대중용) 증보판 2004.7 – 2005.12』,
　　평양: 법률출판사, 2006.

김순호, 「법무해설원들의 역할을 높여」, 『천리마』 제12호(누계
　　499호), 평양: 천리마사, 2000.

김영철·현규엽, 『조선민주주의인민공화국은 전체 조선인민의
　　의사와 리익을 대표하는 유일한 합법적 국가』, 평양: 사

회과학출판사, 1976.

김일성, 『김일성 저작집 2』, 평양: 조선로동당출판사, 1979.

리동구, 「생산정상화와 계획규률의 강화」, 『근로자』 1985년 제 1호, 평양: 근로자사, 1985.

리행호 외, 『현대국제금융사전』, 평양: 과학백과사전출판사, 2006.

손경원, 『국제무역분쟁해결제도』, 평양: 사회과학출판사, 2003.

송국현, 『우리 민족끼리』, 평양: 평양출판사, 2002.

심형일, 『주체의 법리론』, 평양: 사회과학출판사, 1987.

[한국 문헌]

『강구진 교수 20주기 추모 학술회의 – 고 강구진 교수와 북한 법 연구, 개성공단 성공을 위한 법적 과제 자료집』, 북한법연구회 · 국민대북한법제연구센터 · 한국법학교수회 북한법연구특위, 2004.

강구진, 『북한법의 연구』, 서울: 박영사, 1975.

강성윤, 「북한의 학문분류체계: 인문사회과학 분야를 중심으로」, 북한연구학회 편, 『북한의 교육과 과학기술』(서울: 경인 문화사, 2006).

고유환, 「김정일의 주체사상과 사회주의론」, 『북한의 사상과 정치』, 동국대학교 안보연구소, 2003.

곽한영, 「한국 법교육의 현황과 전망」, 『법교육연구』 제1권 1호, 한국법교육학회, 2006.

김동한, 「북한의 법학 연구동향 및 연구자들」, 북한법연구회, 『북한법 연구』제9호, 서울: 북한법연구회, 2006.

김동한, 「북한의 법학: 이론, 현실정합성, 특성」, 『북한법연구』 제10호, 서울: 북한법연구회, 2007.

김석향, 「일상생활에서 본 북한의 성평등 실태와 여성인권의 문제」, 북한연구학회, 『북한의 여성과 가족』, 서울: 경인문화사, 2006.

김영천, 「국민 준법의식 함양을 위한 교육모형」, 『사회와교육』 Vol.25, 한국사회과교육학회, 1997.

김용신, 「사회과 정치사회화 개념의 비교가능성 확보 방법」, 『사회과교육』 제44권 4호, 한국사회과교육연구학회, 2005.

동국대학교 북한학연구소, 『한국학술진흥재단 기초학문 육성지원사업 제2차 학술회의 분단 60년, 북한의 학문세계 − 남북한 비교와 현실정합성』, 서울: 동국대학교 북한학연구소, 2007.

명순구, 「북한의 법학교육과 법률가 양성」, 『북한법연구』 제3호, 서울: 북한법연구회, 2000.

박성혁, 「법교육의 역사와 현황 그리고 발전 방향」, 『법교육연구』 제1권 1호, 한국법교육학회, 2006.

박훈, 「우리나라 법교육의 현황과 개선방안」, 『법교육연구』 제1권 1호, 한국법교육학회, 2006.

백남룡, 『벗』, 서울: 살림터, 1993.

법제처 법제지원단, 『남북법제 연구의 성과와 과제 − 1990년 이후 연구 동향을 중심으로 − 』, 서울: 법제처, 2006.

북한법률행정논총편집위원회, 『북한법률행정논총』 제8집, 서울: 고려대학교 법학연구소, 1990.

서재진, 『북한의 개인숭배 및 정치사회화의 효과에 대한 평가연구』, 서울: 통일연구원, 2003.

성낙인, 「창간사」, 『법교육연구』 제1권 1호(한국법교육학회, 2006).

윤현봉, 「정부기관・사법기관에서의 법교육 추진 현황 분석 및 전망」, 『법교육연구』 제2권 1호, 한국법교육학회, 2007.

이상돈, 『법학입문』, 서울: 법문사, 2006.

전제철, 「'사회과 법교육'에서 준법교육의 타당성 검토 − 법교육

의 정치적 중립성 관점에서 - 」, 『시민교육연구』 제39권
　　1호, 한국사회과교육학회, 2007.

정경모·최달곤 편저, 『북한법령집』(전5권), 서울: 대륙연구소,
　　1990.

정태욱, 「북한의 법질서와 인권 개념」, 국가인권위원회, 『북한
　　인권법제연구』, 서울: 국가인권위원회, 2006.

조우영, 「학교에서의 준법교육의 타당성 검토」, 『법교육연구』
　　제1권 2호, 한국법교육학회, 2006.

최달곤·신영호, 「북한법령 연표」, 『북한법률행정논총』 제8집,
　　서울: 고려대학교 법학연구소, 1990.

최종고, 『북한법』, 서울: 박영사, 2001.

최종고, 『한국의 법학자』, 서울: 서울대학교출판부, 1989.

한만길 엮음, 『북한에서는 어떻게 교육할까』, 서울: 우리교육, 1999.

한만길 외, 『북한교육현황 및 운영실태 분석 연구』, 서울: 한국
　　교육개발원, 1998.

허종열, 「미국 법교육의 역사와 최근 동향」, 『사회와 교육』
　　Vol.15, 한국사회과교육학회, 1991.

[외국 문헌]

Charles K. Armstrong, *The North Korean Revolution: 1945 - 1950*,
　　Ithaca, Cornell University Press, 2003.

색 인

권영태

▌약 력

고려대 법학과 졸업
동국대 북한학과 박사과정
북한법연구회 간사
민주평화통일자문회의 자문위원
한국학술진흥재단 기초연구과제지원사업 "북한 일상생활세계의 아카이브 구축과
연구방법론개발 - 체제 변화 동학과 일상생활세계의 연계 모델 - " 연구보조원

▌주요 논저

「북한의 법교육에 관한 연구」(동국대 석사 학위 논문, 2007)
"남북한의 담배 관련 법제 비교 연구", 「2008년 남북법제연구보고서」(법제처, 2008)
"통일 연구의 주요 쟁점 고찰", 「고려대학교 북한학연구소 통일포럼 '통일 연구
의 동향과 과제'」(고려대 북한학연구소, 2009)

북한의 법교육

초판인쇄 | 2009년 7월 6일
초판발행 | 2009년 7월 6일

지은이 | 권영태
펴낸이 | 채종준
펴낸곳 | 한국학술정보㈜
주 소 | 경기도 파주시 교하읍 문발리 파주출판문화정보산업단지 513-5
전 화 | 031) 908-3181(대표)
팩 스 | 031) 908-3189
홈페이지 | http://www.kstudy.com
E-mail | 출판사업부 publish@kstudy.com

등 록 | 제일산-115호(2000. 6. 19)
가 격 | 21,000원

ISBN (   ) (Paper Book)
      978-89-268-0137-6 98340 (e-Book)